W0181280

Jonathan Byron's

# DIE WELT IN 60 MINUTEN

THOMAS ZIRNBAUER

# DEUTSCHE LITERATUR

in 60 Minuten

THIELE  VERLAG

# Inhalt

*Für Sibylle*

# Intro

Die deutschsprachige Literatur gleicht einem reich bestückten Weinkeller. Und wie in einem Weinkeller ist der Leser hier zu literarischen Verkostungen eingeladen – vom prickelnden Champagner bis zum süßen Dessertwein, vom seltenen Grand Cru bis zum verbreiteten Tafelwein. Literarisch reicht das Spektrum vom Mittelalter bis zur Gegenwart, quer durch alle Genres und Gattungen.

Um nicht bei den Merseburger Zaubersprüchen anzufangen, folgt das Buch nicht der Chronologie einer Literaturgeschichte, sondern wählt einen Ansatz, der neue Blickwinkel eröffnen soll: Anhand thematischer Klammern wie Liebe, Stadt und Land, Bildungsromane, Italien, Gerechtigkeit oder auch alle deutschsprachigen Literaturnobelpreisträger werden weit über hundert wichtige Autorinnen und Autoren samt ihrer Werke vorgestellt, darunter auch solche, die einst einflussreich waren und heute vergessen sind.

Literatur entsteht nicht im luftleeren Raum. Oft kam der belebende Atem für deutsche Autoren auch aus anderen Sprachen. Diesen Aspekten können wir uns aus Platzgründen leider meist nicht widmen. Das Buch bietet eher das mosaikartige Bild einer Welt voller Geschichten, Poesie und Schriftstellerpersönlichkeiten. Es will vor allem eines: Lust machen aufs Lesen.

# Wir sind Weltmeister!

Der Gewinn einer Weltmeisterschaft gilt als absoluter Höhepunkt einer Sportlerkarriere. Und der Rest des Landes fühlt sich auch als Gewinner. »Wir sind Weltmeister!« schreit es dem Leser dann von den Titelseiten der Zeitungen entgegen. Auch die Welt der Literatur kennt ihre Weltmeisterschaft: den seit 1901 alljährlich vergebenen Literaturnobelpreis, die renommierteste internationale literarische Auszeichnung. Die Verkündung des neuen Literaturchampions wird jedes Jahr von Diskussionen, Spott, Verärgerung, aber auch Zustimmung begleitet – mitunter auch von Erleichterung, wenn ein jahrelang Hochgehandelter endlich den Preis erhält. In vielen Entscheidungen spiegeln sich der Geschmack sowie die politische Stimmung einer bestimmten Zeit. Wer in Sachen Literatur mitreden will und die deutschsprachigen Literaturnobelpreisträger kennt, hat erfahrungsgemäß einen ordentlichen Wissensvorsprung und Stoff für den nächsten kultivierten Smalltalk.

Dreizehnmal haben deutschsprachige Schriftstellerinnen und Schriftsteller bislang diesen Preis erhalten. Damit liegt die deutschsprachige Literatur im »Medaillenspiegel« auf Platz 3 hinter englisch- und französischsprachigen Autoren.

Die Reihung der deutschsprachigen Gewinner bietet ein beachtliches Spektrum literarischen Schreibens. Es sind alle Gattungen vertreten: vom Roman über die Erzählung, Lyrik, Drama bis hin zum Essay. Wer sind diese Preisträger? Was verbindet sie? Was unterscheidet sie?

## Herta Müller

Die zuletzt Ausgezeichnete war 2009 Herta Müller (*1953), »die mittels Verdichtung der Poesie und Sachlichkeit der Prosa Landschaften der Heimatlosigkeit zeichnet«, wie es in der offiziellen Begründung hieß. Passenderweise erschien im Jahr der Preisverleihung ihr sprachgewaltiger Roman *Atemschaukel* (2009): die Geschichte der Deportation eines zur deutschsprachigen Bevölkerung Siebenbürgens zählenden jungen Mannes in ein sowjetisches Arbeitslager nach dem Zweiten Weltkrieg. Die Auseinandersetzung mit dem Leben in Diktaturen ist eine Konstante in Müllers Werk. Zugleich setzte die Autorin damit dem Lyriker und Freund Oskar Pastior (1927–2006) ein literarisches Denkmal, auf dessen Schicksal der Roman beruht.

## Theodor Mommsen

Theodor Mommsen (1817–1903) war der erste deutschsprachige Literaturnobelpreisträger (und der zweite überhaupt). Er wurde 1902 als »gegenwärtig größter lebender Meister der historischen Darstellungskunst« gewürdigt, insbesondere für sein zwischen 1854 und 1856 erschienenes dreibändiges Monumentalwerk *Römische Geschichte* über die Geschicke Roms bis zum Ende der Republik im 1. Jahrhundert v. Chr. – 45 Jahre nach dessen Erscheinen! Ist ein Preis je mit solcher Verzögerung verliehen worden? Wem es seltsam erscheinen mag, dass ein

Historiker für ein Werk der Fakten und nicht der Fiktion einen Literaturpreis erhält: Mommsen war in dieser Hinsicht nicht der einzige. Winston Churchill wurde 1953 für sein Geschichtswerk *Der Zweite Weltkrieg* ebenfalls mit dem Preis ausgezeichnet.

## Paul Heyse

Er war ein Vielschreiber: Fast 180 Novellen schuf Paul Heyse (1830–1914), rund 80 Bühnenwerke, epigonale Goldschnittlyrik, mehrere Romane und eine Autobiografie. Bekannt ist der einstige Modedichter des Bildungsbürgertums heute vor allem für seine frühen Novellen, namentlich *L'Arrabiata* (1854). Sie galt im 19. Jahrhundert als eine der besten deutschsprachigen Erzählungen. Gedacht war sie als beispielhafte Novelle, entsprechend schulbuchhaft liest sie sich heute. Sie ist typisch für Heyses Schaffen, nicht nur stilistisch, sondern auch durch ihren Schauplatz Italien sowie das Thema *Der Unangepasste in einer bigotten Gesellschaft*. Heyses intensive Beschäftigung mit der Form der Novelle bescherte uns übrigens die *Falkentheorie*, dank derer sich noch heute beim Stichwort Novelle die in der Schule konditionierten Pawlowschen Hunde auf die Jagd nach dem Falken machen, ohne recht zu wissen, wonach sie eigentlich suchen sollen … Als der achtzigjährige Heyse 1910 mit dem Nobelpreis ausgezeichnet wurde, galt sein realistisches Erzählen bereits als gestrig; den Naturalisten war er gar ein Feindbild. Als der achtzigjährige Heyse 1910 mit dem Nobelpreis ausgezeichnet wurde, galt sein realistisches Erzählen bereits als gestrig; den Naturalisten war er gar ein Feindbild.

## Gerhart Hauptmann

Ausgerechnet deren wichtigster Exponent wurde zwei Jahre später geehrt: 1912 erhielt Gerhart Hauptmann (1862–1946) den Preis. Seine wegweisenden Texte waren bis dahin schon erschienen: die Novelle *Bahnwärter Thiel* (1888), die sozialkritischen Dramen *Vor Sonnenuntergang* (1889), *Die Weber* (1892) und *Die Ratten* (1911) wie auch die »Diebskomödie« *Der*

*Biberpelz* (1893). Ein Epoche machendes Schaffen, das von Hauptmanns Instrumentalisierung durch die Nationalsozialisten überschattet wird.

## Thomas Mann

Dass Thomas Mann (1875–1955) 1929 den Preis ausdrücklich für sein fast dreißig Jahre zuvor erschienenes Romandebüt *Buddenbrooks. Verfall einer Familie* (1901) erhielt und nicht für den 1929 erschienenen Roman *Der Zauberberg*, mag heute erstaunen. Wunderbare Lektüre sind beide: *Buddenbrooks*, die in Manns Heimatstadt Lübeck als Schlüsselroman über die örtliche Gesellschaft gelesen wurden und für Aufregung sorgten, ebenso wie der *Zauberberg*, der zeigt, dass man über das Siechtum in einem Schweizer Luftkurort sehr unterhaltsam schreiben kann – und in dem übrigens auch Gerhart Hauptmann porträtiert ist. Mit ihm rang Mann in der Weimarer Republik um die Rolle des wahren und einzigen Goethe-Nachfolgers (wobei Hauptmann in Sachen Frisur eindeutig im Vorteil war). Mann karikierte ihn in der Gestalt des mit großer Geste stammelnden Kaufmanns Mijnheer Peeperkorn. Dabei war es pikanterweise Hauptmann, der Mann für den Nobelpreis vorschlug …

## Hermann Hesse und Carl Spitteler

Wohl keiner der deutschsprachigen Literaturnobelpreisträger beschert so vielen jungen Menschen weltweit rauschhafte Leseerlebnisse wie Hermann Hesse (1877–1962). In seinen Geschichten über Identitätssuche und -krise mit der Aussicht auf Heilung finden sie sich wieder, etwa in *Peter Camenzind* (1903), *Demian* (1919), *Siddharta* (1922) oder *Der Steppenwolf* (1927). Manchen ist ihre frühe Hesse-Begeisterung später peinlich, für andere bleiben seine Werke Lebensbücher. 1943, drei Jahre vor Erhalt des Nobelpreises 1946, erschien der dickste Roman in Hesses umfangreichem Gesamtwerk: *Das Glasperlenspiel. Versuch einer Lebensbeschreibung des Magister Ludi Josef Knecht samt Knechts hinterlassenen Schriften.*

Hesse wurde zwar im württembergischen Calw geboren, verbrachte aber einen Teil seiner

Kindheit in der Schweiz und zog 1912 für immer dorthin; er starb 1962 in Montagnola. Insofern kann man in ihm neben Carl Spitteler (1845–1924) den zweiten der bisherigen Schweizer Literaturnobelpreisträger sehen. Als Romancier, Lyriker, Dramatiker und Feuilletonredakteur war Spitteler überaus fleißig. Die Zeiten überdauert hat nur sein Roman *Imago* (1906). Dieser psychologische, bekenntnishafte Liebes- und Künstlerroman beeinflusste die noch junge Psychoanalyse. Sigmund Freud und seine Schüler nannten ihre 1912 gegründete »Zeitschrift für die Anwendung der Psychoanalyse auf die Geisteswissenschaften« *Imago*. 1919 erhielt Spitteler den Preis.

## Nelly Sachs

Nelly Sachs (1891–1970) musste sich 1966 die Auszeichnung (und damit das Preisgeld) mit dem israelischen Schriftsteller Samuel Joseph Agnon teilen. Das riecht zwar ein bisschen nach »Zweimal Silber statt einmal Gold«, war aber eine sinnvolle Entscheidung: Schließlich erhielt Nelly Sachs den Preis laut Begründung »für ihre hervorragenden lyrischen und dramatischen Werke, die das Schicksal Israels mit ergreifender Stärke interpretieren«. Sie ist unter den deutschsprachigen Literaturnobelpreisträgern übrigens die einzige ausgesprochene Lyrikerin.

## Elias Canetti

Im Leben und Werk mancher Autoren spiegelt sich die Tragik eines ganzen Jahrhunderts. Elias Canetti (1905–1994) ist so ein Fall. In Bulgarien als Spross einer jüdischen Kaufmannsfamilie geboren, verbrachte er seine Kindheit dort, in England, Wien und in der Schweiz, bevor er sechzehnjährig alleine nach Deutschland zog, um dort das Abitur zu machen. 1938 musste er vor den Nazis nach London fliehen. Ab den 1970ern hielt er sich zunehmend in der Schweiz auf, wo er auch starb. Besonders eindrucksvoll sind daher seine autobiografischen Schriften *Die gerettete Zunge. Geschichte einer Jugend* (1977), *Die Fackel im Ohr. Lebensgeschichte 1921–1931* (1980) und *Das Augenspiel. Lebensgeschichte 1931–1937*

(1985). Seine in den 1920ern einsetzende Beschäftigung mit den das 20. Jahrhundert so prägenden massenpsychologischen Phänomenen gipfelte in *Masse und Macht* (1960). Von einem geplanten achtbändigen Romanzyklus schrieb er zwar nur einen Roman – *Die Blendung* (1936) –, doch der wurde zum Welterfolg, allerdings mit dreißigjähriger Verzögerung: Die erste Auflage konnte in den 1930ern kein Publikum erreichen, die Neuausgabe 1948 wurde nicht wahrgenommen. Erst die dritte Ausgabe 1963 machte Canetti zum international beachteten Autor. 1981 erhielt er den Nobelpreis.

## Heinrich Böll und Günter Grass

Mit Heinrich Böll (1917–1985) und Günter Grass (\*1927) wurden zwei Autoren ausgezeichnet, denen das Etikett der »moralischen Instanz« anhaftet. So unterschiedlich ihr Schaffen ist, so erhoben doch beide in den gesellschaftspolitischen Debatten der deutschen Nachkriegsgesellschaft immer wieder ihre Stimme: der ruhige Kölner Katholik Böll und der noch heute mitunter polternde geborene Danziger Grass. Ein Jahr vor der Vergabe des Nobelpreises 1972 erschien Bölls Roman *Gruppenbild mit Dame* (1971). Manche halten die fiktive, zwischen 1922 und 1970 spielende Biografie der Leni Pfeiffer geb. Gruyten für Bölls bedeutendstes Werk. Lehrer und Irlandurlauber halten zwei andere Texte besonders im Gedächtnis: Bölls *Irisches Tagebuch* (1957) begleitet jedes Jahr zur Sommerszeit Literaturliebhaber auf die grüne Insel, und der medienkritische Roman *Die verlorene Ehre der Katharina Blum oder: Wie Gewalt entsteht und wohin sie führen kann* (1974) ist ungebrochen beliebte Schullektüre, obwohl manches daran mittlerweile historisch wirkt.

2007 wurde von der *Initiative Deutsche Sprache* und der *Stiftung Lesen* der beste erste Satz der deutschsprachigen Literatur gesucht. Sieger: »Ilsebill salzte nach.« Roman: *Der Butt* (1977). Autor: Günter Grass, Nobelpreisträger 1999. Schnauzbart, Pfeife und eine im schriftlichen wie mündlichen unverwechselbare Stimme sind Markenzeichen des Schriftstellers, Grafikers und

Bildhauers. Sein Debütroman begründete seinen Ruhm: der Schelmenroman *Die Blechtrommel* (1959), die fiktive Autobiografie des Oskar Matzerath, 1979 kongenial von Volker Schlöndorff verfilmt und – wie passend – mit dem Oscar ausgezeichnet. *Die Blechtrommel* ist Auftakt der *Danziger Trilogie*, zu der ebenfalls die Novelle *Katz und Maus* (1961) und der Roman *Hundejahre* (1963) zählen.

## Elfriede Jelinek

Jedes Jahr vor Bekanntgabe des Nobelpreises wird heiß über die Favoriten spekuliert. Die Österreicherin Elfriede Jelinek (*1946) hatte keiner auf dem Zettel. So war die Überraschung groß, als sie 2004 den Preis erhielt »für den musikalischen Fluss von Stimmen und Gegenstimmen in Romanen und Dramen, die mit einzigartiger sprachlicher Leidenschaft die Absurdität und zwingende Macht der sozialen Klischees enthüllen«. Ihre Dankesrede hielt sie per Videoübertragung. Ein Novum. *Die Klavierspielerin* (1983) wurde mit Isabelle Huppert in schmerzlicher Intensität verfilmt. Damit thematisch verwandt ist Jelineks erfolgreichstes Buch, der Roman *Lust* (1989) über den Themenkomplex *Sexualität–Macht–Gewalt*.

## Rudolf Eucken

Wer fehlt noch? Ach ja, Rudolf Eucken (1846–1926). Man kann ihn wohl als den am gründlichsten Vergessenen dieser Preisträger bezeichnen. Ausgezeichnet wurde der Philosoph 1908 »auf Grund des ernsten Suchens nach Wahrheit, der durchdringenden Gedankenkraft und des Weitblicks, der Wärme und Kraft der Darstellung, womit er in zahlreichen Arbeiten eine ideale Weltanschauung vertreten und entwickelt hat«. Das ist doch ein schöner Grund.

# Hehre Liebe –
# tödliche Triebe

Die Liebe zählt zu den *all time favourites* der Literatur. Erzählt wird von heilender und zerstörerischer Liebe, vom Drama innerhalb eines Menschen oder auch zwischen zwei, drei und mehr. Dabei wird die unglückliche Liebe in der Literatur weitaus häufiger gestaltet als die glückliche. Die Intimität der Lyrik eignet sich besonders, um das Verhältnis von Ich und Du oder eben auch von Ich und Niemand in Worte zu fassen.

## Die Romantiker

Die einsamen Herzen der Literatur sitzen oft nachts in ihren Stuben am Schreibtisch, wenn der Mond durchs Fenster scheint und die Stille besonders schmerzhaft ist. Insbesondere die Romantiker waren Experten der Nacht. Von der Früh- bis zur Spätromantik, von Novalis' (1772–1801) *Hymnen an die Nacht* (1800) über Joseph von Eichendorffs (1788–1857) zahlreiche Mond- und Nachtgedichte bis hin zu E.T.A. Hoffmanns (1776–1822) *Nachtstücke* (1817) ist sie zentrales Motiv.

Die Romantiker waren aber auch Experten der Liebe bzw. des Liebeskummers. Das Gedicht *Melankolie* des Frühromantikers Ludwig Tieck (1773–1853) aus seinem Roman *William Lovell* (1795/96) drückt die hoffnungslose Stimmung eines Liebesbedürftigen sehr eindringlich aus und formuliert zugleich seine Vorstellung vom Glück des Liebens und Geliebtwerdens: »Auf der Verzweiflung Rossen« jagt hier einer »durchs öde Leben«, dem die Liebe, der »Schirm in Jammer und in Leiden«, ewig versagt bleibt.

## Der Teufelskreis der Schwermut

Was ist schmerzlicher: gar keine Hoffnung zu haben, jemals eine Erfüllung in der Liebe zu finden oder einer vergangenen Liebe nachzutrauern? Mehr als hundert

Jahre liegen zwischen *Der Spinnerin Nachtlied* (1802) des Hochromantikers Clemens Brentano (1778–1842) und *Abschied* von Mascha Kaléko (1907–1975). Wie ein sich gleichmäßig drehendes Spinnrad schnurrt es in ersterem in volksliedhaft klagendem Ton: »Hier spinn' ich so allein, / Der Mond scheint klar und rein, / Ich sing' und möchte weinen.« Auch Kalékos Gedicht fängt die Stimmung eines zurückgelassenen Menschen ein: »Jetzt sitz ich ohne dich in meinem Zimmer / Und trink den dünnen Kaffee ganz allein. / – Ich weiß, das wird jetzt manches Mal so sein. / Sehr oft vielleicht … Beziehungsweise: immer.« Gebrauchslyrik werden Kalékos Texte oft genannt – von den einen abschätzig, von anderen mit Hochachtung. Ihre humorvoll melancholischen Gedichte fangen das Lebensgefühl des Großstadtmenschen treffend ein. Was zur Trennung führte, erfahren wir in beiden Gedichten interessanterweise nicht.

## Bertolt Brecht

Präsent ist Bertolt Brecht (1898–1956) heute vor allem aufgrund seiner sozialkritischen Bühnenwerke wie *Die Dreigroschenoper* (1928), *Mutter Courage und ihre Kinder* (1939) oder auch *Der kaukasische Kreidekreis* (1944). Sein Episches Theater und die Inszenierung waren stilbildend (Stichwort »Verfremdungseffekt«). Doch manche halten Brechts rund 2.300 Texte umfassende Lyrik für zeitloser. Gedichte über die Liebe finden sich in großer Zahl in allen Schaffensphasen Brechts, oft deftig oder auch hochironisch wie in *Erinnerung an die Marie A.*. Brecht schrieb es am 21. Februar 1920 um 7 Uhr im Zug nach Berlin in sein Notizbuch – dort noch versehen mit dem Titel *Sentimentales Lied No. 1004*. Das lyrische Ich blickt zurück auf jene herrliche Zeit mit, na, wie hieß sie doch gleich, Marie, Marie A. »Doch ihr Gesicht, das weiß ich wirklich nimmer / Ich weiß nur mehr: ich küßte es dereinst.« Es wird noch schlimmer: »Und auch den Kuß, ich hätt ihn längst vergessen / Wenn nicht die Wolke dagewesen wär«. Ob sich Marie noch an ihn erinnert? Und an jene weiße Wolke, die über sie hinwegzog, während sie im Gras lagen?

## Die schöne Minne

Wie schön ist es doch, wenn zwei sich einig sind. Das Glück ist damit zwar noch nicht gesichert, aber immerhin. Einer der frühesten Texte der deutschen Literatur ist in seiner Schlichtheit besonders einnehmend. »Dû bist mîn, ich bin dîn. / des solt dû gewis sîn. / dû bist beslozzen / in mînem herzen, / verlorn ist das sluzzelîn: / dû muost ouch immêr darinne sîn.« (»Du bist mein, ich bin dein. / Dessen sollst du gewiss sein. / Du bist eingeschlossen / in meinem Herzen, / verloren gegangen ist das Schlüsselchen: / Du musst also immer drinnen bleiben.«) Dieses Gedicht stammt vom Ende des 12. Jahrhunderts. Der Verfasser ist unbekannt, und es ist auch noch kein klassisches Minnelied. Schön ist es dennoch.

Drei stilprägende Namen sollen den sich anschließenden Zeitraum abstecken, in dem die Minnelyrik neben dem höfischen Epos den Literaturmarkt beherrschte: Der von Kürenberg (ca. 1150/1160), Walther von der Vogelweide (ca. 1170–1230) und Oswald von Wolkenstein (ca. 1377–1445). Ihre auf Mittelhochdeutsch verfassten Lieder waren zum Vortrag, nicht zur stillen Lektüre gedacht. In ritualisierter Form wirbt darin jeweils ein Mann um eine Frau, drückt seine Liebe zu ihr aus und beklagt sich, dass sich diese (noch) nicht erfüllt, weil ihn die Frau beispielsweise (noch) ignoriert. Liebe und Leid sind hier nah beisammen.

## Eine stürmische Liaison

Man muss nicht wissen, dass Gottfried Benn (1886–1956) und die 17 Jahre ältere Else Lasker-Schüler (1869–1945) ab 1912 eine stürmische Liaison hatten, um ihr lyrisches Werk zu verstehen und schätzen zu können. Doch wenn man es weiß, lesen sich die folgenden Zeilen aus Lasker-Schülers Gedicht *Höre* von 1913 doch anders: »Ich bin dein Wegrand / Die dich streift, / Stürzt ab.« Zumal, wenn man Benns kurz darauf entstandenes Gedicht *Hier ist kein Trost* dazu liest. Darin heißt es: »Keiner wird mein Wegrand sein. / Laß deine Blüten nur verblühen. / Mein Weg flutet und geht allein.« Man ahnt, dass diese Liebe keine Zukunft hatte. Aber ihr Schlagabtausch in Gedichtform bleibt ewig.

## Der Liebe eine Chance

In einer Zeit, als die deutsche Literatur sehr um die eigene Befindlichkeit kreiste, erschien 1979 der Band *Liebesgedichte* von Erich Fried (1921–1988). Er wurde ein von manchen als kitschnah belächelter Bestseller. Darin enthalten ist sein wohl bekanntestes Gedicht *Was es ist* mit dem Kernsatz »Es ist was es ist / sagt die Liebe«. Zwei Jahre später gab Ulla Hahn (*1946) mit ihrem Band *Herz über Kopf* der Liebe eine Chance und avancierte zu einer der anerkanntesten deutschen Gegenwartsautorinnen.

## Der permanente Seitensprung

Werden in der Literatur schon mal zwei glücklich, muss mindestens ein Weiterer unglücklich sein. So auch bei einem der berühmtesten Liebespaare der Literatur: Ritter Tristan und Königin Isolde. Gottfried von Straßburg (2. Hälfte 12. Jahrhundert) schuf um 1200/1210 das Epos *Tristan und Isolde*. Rund 11.000 der überlieferten 20.000 Verse dauert es, bis die beiden zusammenfinden. Bis dahin hasst Isolde den Ritter, der ihren Onkel erschlagen hatte. Wie kommt es zu dem Sinneswandel?

Ein Minnetrank, der eigentlich für Isolde und ihren Bräutigam, den alten König Marke, gedacht war, aber von Tristan und Isolde getrunken wird, bewirkt den Beginn eines permanenten Seitensprungs und einer Liebe wider die Konventionen. Doch wie freiwillig ist eine Liebe, die einen Zaubertrank nötig hat? Oder ist der Trank eher Symbol der Tiefe dieser Empfindung als ihr Auslöser? Heutzutage trinken Menschen ja auch erst einmal etwas zusammen, bevor sie miteinander ins Bett gehen.

### Ehebruch überkreuz

Europaweit berühmt wurde Johann Wolfgang von Goethe (1749–1832) mit der Geschichte einer Liebe, die zum Tod führt: *Die Leiden des jungen Werthers* (1774). Ein Mann (Werther) kommt in eine fremde Stadt und verliebt sich in eine verheiratete Frau (Lotte). Die erwidert seine Gefühle, bleibt ihrem Gatten (Albert) aber treu. Ein halbes Jahr später erschießt sich Werther. Muss man sich deshalb umbringen? Einen Tag vor Weihnachten? Angeblich eiferten zahlreiche unglücklich Verliebte Werther nach – in Suizid wie Mode (gelbe Hose und Weste, blauer Rock). Goethes Briefroman ist ein Meilenstein in der Entwicklung des deutschsprachigen Romans.

In seinem späten Werk *Die Wahlverwandtschaften* gestaltet Goethe 1809 ein noch komplexeres Beziehungsgeflecht: Charlotte und Eduard sind glücklich verheiratet. Für die beiden Verwitweten, die sich schon in jungen Jahren liebten, ist es dies die zweite Ehe. Das Idyll wird gestört, als Eduard einen alten Freund, den Hauptmann, ins Haus holt – gegen Charlottes Willen. Als Ausgleich holt sie ihre mittellose Nichte Ottilie zu sich. Schon bald knistert es, und zwar überkreuz: zwischen Eduard und Ottilie ebenso wie zwischen dem Hauptmann und Charlotte – wie beim Prinzip der »Wahlverwandtschaften« chemischer Teilchen, die bereits in einer Verbindung bestehen, aber nach Vereinigung mit anderen Teilchen streben. Es kommt zum Ehebruch im Geiste, denn Charlotte und Eduard sind mit den Gedanken woanders, als sie in dieser Zeit miteinander schlafen: »In der Lampendämmerung sogleich behauptete die innre Neigung, behauptete die Einbildungskraft ihre Rechte über das Wirkliche: Eduard hielt nur Ottilien in seinen Armen, Charlotten schwebte der Hauptmann näher oder ferner vor der Seele, und so verweben, wundersam genug, sich Abwesendes und Gegenwärtiges reizend und wonnevoll durcheinander.« Eine erotisch aufgeladene, immer noch moderne und in ihrer stilistischen Vielfalt faszinierende Geschichte.

## Ringelpiez mit Anfassen

Wohl in keinem deutschsprachigen Theaterstück kreisen so viele Menschen um die Liebe oder um das, was sie dafür halten, wie im sprichwörtlich gewordenen *Reigen* des Wiener Arztes, Dramatikers und Erzählers Arthur Schnitzler (1862–1931). Die Suche nach Nähe, Bestätigung und sexueller Befriedigung führt zehn Personen in – so der Untertitel – »zehn Dialogen« zusammen: zunächst die Dirne und den Soldaten, dann den Soldaten und das Stubenmädchen, dieses wiederum mit dem jungen Herrn und so weiter, bis am Ende die Dirne wieder auftritt. Ein Bäumchen-wechsel-dich-Spiel mit zynischem Unterton, in dem niemand auf die Frage »Liebst du mich?« eine ehrliche Antwort erhält. 1896/97 verfasst, erschien das Stück 1900 als Privatdruck. Aufzuführen wagte man es erst 1920. Es kam zum Skandal und zu diversen Prozessen, bis Schnitzler 1922, der Auseinandersetzungen leid, weitere Aufführungen untersagte. Erst seit 1982 darf es wieder gezeigt werden. Mit Erfolg.

# Wie man wird,
# was man ist

Die Deutschen haben es mit der Bildung. Gerne sprechen sie davon in Verbindung mit -lücke, -notstand, -katastrophe, aber auch von Bildungsbürger und -roman. Der Bildungsroman ist eine für die deutschsprachige Literatur typische und häufige Gattung. Verwendet wird der Begriff seit Anfang des 19. Jahrhunderts. Wobei umstritten ist, was genau damit gemeint ist. Soll der Roman zum Schluss das Idealbild eines gebildeten Menschen präsentieren? Oder steht die Betonung des prozesshaften Charakters von Bildung im Vordergrund? Geht es um Herzensbildung, Bildung im Sinne von Wissen oder gar um die Bildung des Lesers?

Erzählt wird im Allgemeinen die Entwicklung einer meist jungen Hauptfigur, bis sie eine eigene Persönlichkeit entfaltet und ihren Platz in der Welt gefunden hat. So etwas braucht Zeit. Daher sind Bildungs- bzw. Entwicklungsromane gerne etwas umfangreicher.

## Wielands *Agathon*

Christoph Martin Wielands (1733–1813) *Geschichte des Agathon* gilt als erster deutschsprachiger Bildungsroman. Das vor antiker Kulisse spielende Buch erschien erstmals 1766/67, in überarbeiteten und erweiterten Fassungen 1774 sowie 1798. Der junge Athener Agathon muss aufgrund unglücklicher Umstände seine Heimatstadt verlassen. Unterwegs fällt er in die Hände cilicischer Piraten und wird nach Smyrna als Sklave verkauft. Und der reiche Philosoph Hippias kauft ihn. Wie das Leben eben so spielt.

In diesen beiden Figuren stellt Wieland zwei Lehren einander gegenüber: Platonismus (Agathon) und Sophismus (Hippias) oder, vereinfacht gesagt, reine Wahrheitssuche hier, auf sinnlicher Lebenserfahrung basierende, zielorientierte Weltsicht da. Agathons durch vielerlei (auch amouröse) Abenteuer beförderte Entwicklung läuft darauf hinaus, eine moralische Haltung mit einem gewissen Pragmatismus zu verbinden.

Noch bis ins späte 18. Jahrhundert hinein galt allerdings der Roman kaum als geeignetes Medium für gehobene Literatur. Romane dienten lange nur der puren Unterhaltung oder der schlichten moralischen Belehrung.

### Goethes *Wilhelm Meister*

Den auf Jahrzehnte hinaus vorbildlichen Prototypen eines Bildungsromans schuf Goethe: *Wilhelm Meisters Lehrjahre*. Spätestens 1777 begann er daran zu arbeiten. Arbeitstitel: *Wilhelm Meisters theatralische Sendung*. Es sollte ein Theaterroman werden. Doch erst 1795/96, 20 Jahre später, war er endlich abgeschlossen. Und so wie sich Goethe in dieser Zeit verändert hatte, wandelte sich der Stoff. Titelheld blieb zwar der Kaufmannssohn Wilhelm Meister, der Schauspieler werden will, doch in der Endfassung stand im Zentrum nicht mehr die Theaterbühne, sondern die Bühne des Lebens und die Frage, wie sich der Mensch als moralisches wie gesellschaftliches Wesen ins Ensemble der Welt einfügen könne.

Dass Wilhelm seine Künstlerträume aufgibt, wird nicht als Scheitern begriffen, sondern als Reifungsprozess, der ihn zu einer realistischen Selbsteinschätzung führt. Die Lebendigkeit und seelische Tiefe der Hauptfigur wie auch der Nebenfiguren, die planvolle, durch Gedichte, Lieder, Briefe aufgelockerte Struktur und nicht zuletzt der Humor machen dieses wirkungsmächtige Werk noch heute zu einem Lesevergnügen.

## Meisters Lehrlinge

Nicht erst die Literaturwissenschaftler, bereits Goethes Zeitgenossen befassten sich intensiv mit *Wilhelm Meister*. Der zu jener Zeit noch in Jena lebende Friedrich Schiller (1759–1805) war mittels eines regen Briefwechsels in die Entstehung eng eingebunden. Das ambivalente Verhältnis zwischen den Meistern der Weimarer Klassik, Goethe und Schiller einerseits, und den rund zwanzig Jahre jüngeren rebellischen Frühromantikern andererseits lässt sich schön an deren

*Wilhelm Meister*-Rezeption ablesen: Viele der Romantiker reagierten unmittelbar auf den Roman, ja, arbeiteten sich an der Überfigur Goethe regelrecht ab. Ihre anfängliche Bewunderung für ihn wandelte sich dabei in immer heftigere Ablehnung, auch wenn ihr Spott vor allem Schiller galt.

So entstand Ludwig Tiecks (1773–1853) Roman *Franz Sternbalds Wanderungen. Eine altdeutsche Geschichte* (1798) in direkter Auseinandersetzung mit Wilhelm Meister. Er erzählt die Bildungsgeschichte eines Malers zu Dürers Zeiten, den sein Weg nach Italien führt. Friedrich Schlegel (1772–1829) schrieb eine ausführliche Rezension zu *Wilhelm Meister*. Kurz danach begann er mit der Arbeit an seinem (einzigen) Roman *Lucinde* (1799), der das Bildungsthema mit der Idee einer gleichberechtigten Mann-Frau-Beziehung verknüpft. Der Mittelteil ist bezeichnenderweise überschrieben mit *Lehrjahre der Männlichkeit*. Auch seine spätere Frau Dorothea Schlegel (1764–1839) schrieb ihren einzigen Roman, *Florentin* (1801), unter dem Eindruck ihrer *Meister*-Lektüre.

Clemens Brentanos »verwilderter Roman« (so der Untertitel) *Godwi oder Das steinerne Bild der Mutter* (1801) war ebenfalls von *Wilhelm Meister* inspiriert, mehr noch jedoch von Tiecks *William Lovell*.

Jean Paul (1763–1825) widmete sich in seiner dichtungstheoretischen *Vorschule der Ästhetik* (1804) ausführlich dem *Meister* und schuf mit *Der Titan* (1800/03) und *Flegeljahre* (1804/05) gleich zwei Werke, die Goethes Bildungsromanmodell aufgriffen. Jean Paul fand zu einem ausgewogeneren Goethe-Urteil und schlug mit seinem Eigensinn und seiner versponnenen Fabulierlust einen ganz eigenen Weg unter den Romantikern ein.

## Novalis' *Heinrich von Ofterdingen*

Der einflussreichste Roman, der als direkte Antwort auf *Wilhelm Meister* entstand, ist *Heinrich von Ofterdingen* von Friedrich von Hardenberg, genannt Novalis (1772–1801). Novalis, ursprünglich ein Goethe-Verehrer, nahm rasch eine immer kritischere Haltung gegenüber dem einstigen Idol ein. Eine »Wallfahrt nach dem Adelsdiplom« nannte der Adlige Novalis etwas böse den Roman des bürgerlichen Goethe (dem der Adelstitel erst 1782 verliehen wurde). Ab 1797 arbeitete Novalis an seinem Buch über Heinrich von Ofterdingen, der sich auf die Suche nach der »blauen Blume« macht, das viel zitierte Symbol romantischer Sehnsucht. Zu Beginn ein verträumter Jüngling aus gutem Hause, wird aus ihm später ein gefeierter Minnesänger. Novalis schrieb seine in einem idealisierten Mittelalter spielende Geschichte mit dem Vorsatz, Goethe zu übertreffen, »an Gehalt und Kraft, an Mannichfaltigkeit und Tiefsinn – als Künstler eigentlich nicht – oder doch nur sehr wenig, denn seine Richtigkeit und Strenge ist vielleicht schon musterhafter, als es scheint«. Der Roman ist Fragment geblieben, da Novalis mit 29 Jahren nach schwerer Krankheit starb. Seine Freunde Schlegel und Tieck gaben ihn postum heraus.

An Unterschieden und Gemeinsamkeiten zeigt sich gleichermaßen, wie sehr der Roman als Gegenentwurf zu Goethes Werk gedacht war. In beiden muss der Protagonist das vertraute Zuhause verlassen, um sich weiterentwickeln zu können. Dieses Reisemotiv verbindet die meisten Bildungsromane. Doch die Entwicklung Heinrichs findet vor allem im Zuhören statt, während für Wilhelm Meister zwar auch von der Auseinandersetzung mit Menschen, vor allem aber vom Tun die entscheidenden Impulse ausgehen. Und so nimmt vermittelte Erfahrung in Form langer Erzählungen, Sagen, Märchen und Träume viel Raum im *Ofterdingen* ein. Sie unterbrechen die Handlung und spiegeln sie.

Beide Hauptfiguren haben künstlerische Ambitionen. Doch Goethe erzählt eine Menschwerdung, Novalis eine Dichterwerdung. Während sich Wilhelm von seinem Künstlertraum emanzipiert, entwickelt sich Heinrich zu ihm hin im Sinne einer Poetisierung des Lebens: »In der Nähe des Dichters bricht die Poesie überall aus.« Dieses poetische Konzept macht Novalis' Buch so reizvoll. Vorausgesetzt, man lässt sich auf den hohen Ton ein, übersieht die Anachronismen und hofft nicht auf eine psychologisch durchgearbeitete Figur.

## Das romantische Fragment

Zahlreiche romantische Werke sind Fragment – manchmal auch, weil der Dichter über dem Manuskript starb, wie Novalis oder E.T.A. Hoffmann. Dessen parodistischer Bildungsroman *Lebens-Ansichten des Katers Murr nebst fragmentarischer Biographie des Kapellmeisters Johannes Kreisler in zufälligen Makulaturblättern* (1820/22) trägt zwar das Fragmentarische als erzählerisches Prinzip in seiner montagehaften Struktur bereits in sich, aber es war vor allem Hoffmanns früher Tod, der den Abschluss verhinderte. Friedrich Schlegel machte als Haupttheoretiker der Frühromantik die Idee des Fragments gar zum konstituierenden Teil seines Konzepts romantischer »Universalpoesie«: Diese sei unendlich und könne ergo nie abgeschlossen sein. So ist Brentanos *Godwi* beispielsweise die Fiktion eines Fragments, das die Freunde des Erzählers zu Ende bringen.

Auch Achim von Arnims (1781–1831) ehrgeiziges Debüt, der Bildungsroman *Hollins Liebeleben* (1802), hat fragmentarisch-experimentellen Charakter: Es beginnt als Briefroman, wandelt sich dann zum Drama und schließlich zum biografischen Essay.

Dieser Hang zum Experimentieren schließt die Möglichkeit des Scheiterns mit ein. Manches im Überschwang begonnene Werk wurde nicht abgeschlossen, weil der Autor sich Neuem zuwandte, der geniale Plan kein Garant für eine geniale Umsetzung war oder weil gegen etwas anzuschreiben ein Hemmnis sein kann für einen eigenständigen Ansatz. Denn Novalis' Ziel, Goethe zu übertreffen, war auch die erzählerische Motivation für Schlegels auf vier Bände angelegtes Romanprojekt und Tiecks *Sternbald*. Beide blieben unvollendet.

## Anti-Bildungsromane

Mit der in der ersten Hälfte des 19. Jahrhunderts zunehmenden Forderung an die Literatur, die Realität abzubilden, nimmt das

Interesse an der Beschreibung des Scheiterns zu. Die meisten Bildungsromane jener Zeit werden daher als »Anti-Bildungsromane« bezeichnet.

»Schreibender schwäbischer Pfarrer der Biedermeierzeit, der in seinem Leben nicht weiter als bis Tirol kam«. Nähert man sich mit diesen Fakten Eduard Mörike (1804–1875), wird man einiges verpassen. Den Lyriker wird man vermutlich noch sehen. Auch den Autor der Musikernovelle *Mozart auf der Reise nach Prag* (1855) wird man noch wahrnehmen, wenngleich man das subtil Dunkle in diesem Teil von Mörikes schmalem Gesamtwerk wohl überlesen wird. Meiden wird man in der Regel aber Mörikes Roman, das Frühwerk *Maler Nolten* (1830). Dabei ist dieser Künstlerroman voll tiefer Beobachtungen über die frühkindliche Prägung des Menschen und über die inneren Abgründe der Depression. Erzählt wird in diesem in seiner resignativen Stimmung verstörenden Buch die für alle Beteiligten verhängnisvolle Dreiecksbeziehung des jungen Malers Theobald Nolten (ein Alter Ego Mörikes), der zwischen der leidenschaftlichen

Zigeunerin Elisabeth und der schwermütigen Agnes hin- und hergerissen ist.

In Gottfried Kellers (1819–1890) *Der grüne Heinrich* (1854/55) treffen wir auf eine ähnliche Personenkonstellation. Auch hier steht ein junger Maler zwischen zwei Frauen: der sexuell offensiven, verwitweten Judith und der jungfräulichen Schulmeistertochter Anna. Als der knapp zwanzigjährige Heinrich Lee (der Farbe seiner Jacke wegen »Grüner Heinrich« genannt) seine Heimatstadt Zürich verlässt, um in München zu studieren und sein Glück zu machen, ist er noch voller Zuversicht. Das Abenteuer endet zwei Jahre später deprimierend. Heinrich ist keinen Schritt weiter. Im Gegenteil. Verarmt und desillusioniert macht er sich auf den Heimweg. Zwanzig Jahre später nahm sich Keller seinen Roman übrigens noch einmal vor. Im Grunde schrieb er ihn ein zweites Mal. Diese stark überarbeitete Fassung erschien 1879/80.

In *Der Nachsommer* (1875) von Adalbert Stifter (1805–1868) erfüllt sich für den Wiener Kaufmannssohn und Hobbygeologen Heinrich

Drendorf die Hoffnung auf die Kunst (gemeinsam mit der Wissenschaft) als zentrales Element der Persönlichkeitsentwicklung. Die bis zum Stillstand reichende Langsamkeit von Stifters Erzählen ist für Liebhaber handlungsorientierter Literatur schwer zu ertragen. Dies und die bewusst überhöhte Künstlichkeit und Gespreiztheit der Dialoge haben Stifter den Ruf eingebracht, ein Meister der Langeweile zu sein.

Friedrich Hebbel spottete in einer Rezension: »Drei starke Bände! Wir glauben nichts zu riskieren, wenn wir demjenigen, der beweisen kann, daß er sie ausgelesen hat, ohne als Kunstrichter dazu verpflichtet zu sein, die Krone von Polen versprechen.« Stifters Schreiben war damals unzeitgemäß und ist es heute erst recht. Wer allerdings seine Feier einer sich selbst bescheidenden Harmonie ebenso wertzuschätzen weiß wie seine Fähigkeit, das Kleine in der Natur und das Gute im Menschen wahrzunehmen und zu beschreiben, für den sind *Der Nachsommer* und Stifters Erzählbände *Studien* (1844/50) und *Bunte Steine* (1853) lebenslange Begleiter.

Wilhelm Raabe (1831–1910) hatte ein ausgeprägtes Interesse an Außenseitern. Dies zeigt sich etwa in der *Stuttgarter Trilogie*, bestehend aus *Der Hungerpastor* (1864), *Abu Telfan oder Die Heimkehr vom Mondgebirge* (1867) und *Der Schüdderump* (1870). Für sein bestes Werk hielt der Autor *Stopfkuchen. Eine Mord- und Seegeschichte* (1891): Aus Heinrich Schaumann, der zu Schulzeiten wegen seiner Essstörung gemobbt und »Stopfkuchen« genannt wurde, wird als Erwachsener ein Außenseiter aus freiem Entschluss. Schaumann wohnt mit seiner Frau bezeichnenderweise in einer ehemaligen Schanze. Sie müssen sich einen eigenen Ort schaffen, da in der bürgerlichen Gesellschaft kein Platz für sie ist. Dieses halb selbstgewählte Streben nach Autonomie macht den zunächst wenig zugänglichen, aber raffiniert erzählten Roman zum Anti-Bildungsroman.

## Schelmenromane

Bildungsromane Goethescher Prägung findet man im 20. und 21. Jahrhundert nicht mehr. Menschliche Entwicklungsprozesse oder ihr Scheitern werden nicht mehr mit einem Bildungsprogramm verbunden. Thomas Manns *Der Zauberberg* weist mit seinem Streit des Jesuiten Naphta und des Humanisten Settembrini um die Seele Hans Castorps zwar noch starke Züge eines Bildungsromans auf. Seine unvollendeten *Bekenntnisse des Hochstaplers Felix Krull* (entstanden zwischen 1910 und 1954) lassen sich jedoch schon eher als Parodie eines Bildungsromans lesen und stehen vor allem in der Tradition des damit verwandten Schelmenromans bzw. pikaresken Romans (span. picaro = Schelm). *Der abenteuerliche Simplicissimus* (1668) von Hans Jakob Christoffel von Grimmelshausen (1622–1676), der in den Wirren des Dreißigjährigen Kriegs spielt, und Günter Grass' *Blechtrommel* zählen zu den gewichtigsten Werken dieses Genres in deutscher Sprache.

## Spielarten

Entwicklungsprozesse sind in der Literatur des 20. Jahrhunderts meist Desillusionierungsprozesse, etwa so, wie sie Erich Maria Remarque

(1898–1970) und Arnold Zweig (1887–1968) in ihren Kriegsromanen *Im Westen nichts Neues* (1929) und *Erziehung vor Verdun* (1935) im Angesicht der Todesgefahr schildern. Eine vergleichende Lektüre mit Ernst Jüngers (1895–1998) umstrittenem Kriegsbuch *In Stahlgewittern* (1. Fassung 1920, 7. und letzte Fassung 1978) bietet sich an.

Sogar Christian Krachts (*1966) Debütroman *Faserland* (1995), eine Art Gründungsdokument der deutschsprachigen Popliteratur, kann in der Bildungsroman-Tradition gesehen werden. Er beschreibt eine von Exzessen strukturierte, auf Sylt beginnende Reise, die in der Nähe von Thomas Manns Grab auf dem Zürichsee endet. 2011 wurde die Renaissance des Bildungsromans prophezeit. Schließlich war diese Genrebezeichnung auf Judith Schalanskys (*1980) *Der Hals der Giraffe* (2011) zu lesen. Die Deutschen können aufatmen: Bildung hat vielleicht doch noch eine Chance. Oder meinte Schalansky das etwa ironisch?

# Zwischenstopp: Italien

Machen wir einen Abstecher ins Lieblings-
land der Deutschen: Italien. Sicher, auch
Griechenland prägte nachhaltig die abendlän-
dische Kultur und Literatur und ist beispielsweise Handlungsort von Friedrich Hölderlins
(1770–1843) gefühlvollem Briefroman *Hyperion*
(1797–1799). Aber bis heute ist es insbesondere
das Land südlich der Alpen, das die Phantasie
der Deutschen beflügelt. Verfall und Lebenslust
sind die Pole deutscher Italiensehnsucht seit dem
18. Jahrhundert. Das Interesse an den steinernen
Zeugnissen eines untergegangenen Weltreichs
und seiner vermeintlich ewig gültigen Regeln
von Kunst und Ästhetik sowie die Faszination
durch das, was man weltweit im Süden immer
eher vermutet als im Norden, nämlich Lebendigkeit und Leichtigkeit – dies sind die Quel-
len, aus denen *Italien in der deutschen Literatur*
sprudelt.

Viele Schriftsteller reisten ins Land, »wo die Zitronen blühn«, und verarbeiteten ihre Eindrücke dann zuhause. Andere blieben länger: So verbrachten die Brüder Thomas und Heinrich Mann in jungen Jahren einige Monate gemeinsam in Palestrina. Ersterer ließ die zentrale Szene seines *Doktor Faustus* (1947) dort spielen; letzterem diente die Stadt als Vorbild für die »Titelheldin« seines Romans *Die kleine Stadt* (1909). Ein bedeutender Teil von Ingeborg Bachmanns (1926–1973) atemberaubendem Werk entstand während ihrer Italien-Aufenthalte. Die Lyrikerin starb in Rom, nachdem sie rauchend im Bett eingeschlafen war. Der Humorist und Karikaturist Robert Gernhardt (1937–2006) liebte die Produktivität unter Pinien: Er hatte ein Haus in der Toskana. Der vielfach begabte Hanns-Josef Ortheil (*1951) studierte in Rom, als er noch eine Pianistenkarriere anstrebte, und spekuliert in seinem Roman *Faustinas Küsse* (1998) über eine Liebschaft Goethes während dessen Rom-Aufenthalts. Und seit 1957 ist die römische Villa Massimo als Exklave der deutschen Literatur

Aufenthaltsort für Stipendiaten wie Marcel Beyer (* 1965) oder Feridun Zaimoglu (* 1964).

Packen wir also die Koffer – auf nach Italien!

## Zu Fuß bis Syrakus

Fangen wir an mit dem *Spaziergang nach Syrakus im Jahre 1802* (1803), mit dem der Sonderling und Abenteurer Johann Gottfried Seume (1763–1810) einen Fußmarsches von Grimma bis Sizilien (und zurück) dokumentierte und eine neue Form der Reiseliteratur schuf: nüchtern, kritisch, an Land und Leuten interessiert und nicht nur auf der schwärmerischen Suche nach den Überresten der Antike.

## Die *Italienische Reise*

Johann Wolfgang von Goethes *Italienische Reise* (1816/17) gilt als *der* Klassiker der deutschen Italienliteratur. Das Tagebuch einer Flucht aus der Enge des Alltags und Dokument eines inneren Aufbruchs veröffentlichte Goethe rund dreißig Jahre nach seiner Entstehung (1786/88). Im Vordergrund steht bei der Reise von Karlsbad über den Brenner, Verona, Venedig und Rom bis Sizilien die literarische Auseinandersetzung mit sich selbst in neuem Umfeld. Vierzig Jahre nach Goethe und mit dessen Bericht in der Tasche zog es Heinrich Heine (1797–1856) Richtung Süden. In Teil 3 und 4 seiner *Reisebilder* (*Reise von München nach Genua* und *Die Bäder von Lucca*) von 1828 erweist er sich als liebevoller Beobachter und scharfzüngiger Spötter, ebenso wie in seinem sprichwörtlich gewordenen Versepos *Deutschland. Ein Wintermärchen* (1844).

## Meyer in Verona

Alle behandeln sie historische Themen, meist haben sie eine elegant gebaute Rahmenhandlung, und oft spielen sie im Italien von Spätmittelalter und Renaissance: die Novellen des Schweizer Lyrikers und Erzählers Conrad Ferdinand Meyer (1825–1898). Eine der bekanntesten: *Die Hochzeit des Mönchs* (1883/84). Sie imaginiert einen Abend am Fürstenhof in Verona mit dem großen Dante, der zum Erzählen gedrängt wird. Dante erfindet etwas widerwillig, aber auch geschmeichelt eine dramatische Liebesgeschichte und bindet dabei die Anwesenden durch Verwendung ihrer Namen und bestimmter Charakterzüge raffiniert ein. Auch das meisterhafte Gedicht *Der römische Brunnen* (1882) verdanken wir Meyer: »Aufsteigt der Strahl und fallend gießt / Er voll der Marmorschale Rund …«. Er feilte fast zwanzig Jahre daran …

## Schöner Sterben

Drei, vier Wochen »an irgendeinem Allerweltsferienplatze im liebenswürdigen Süden« sollten es sein. Am Ende erwartet den Schriftsteller Gustav von Aschenbach sein *Tod in Venedig*. Thomas Manns gleichnamige Novelle ist die Geschichte einer Verführung zum Tode. Für Mann war der motivisch und psychologisch hochaufgeladene Text 1912 ein wichtiger Schritt auf dem Weg zur eigenen Klassizität. Die rund 25 Jahre später entstandene Novelle *Mario und der Zauberer* (1930) dagegen beschreibt eindrücklich den politischen Klimawandel in einem Badeort im faschistischen Italien.

Noch ein Tod in Venedig. Diesmal trifft es Richard Wagner. Der Hohepriester der »neuen« Musik des 19. Jahrhunderts ist der eigentliche Mittelpunkt von Franz Werfels (1890–1945) *Verdi. Roman einer Oper* (1924). Sympathischer Gegenpol ist Giuseppe Verdi, der vor Venedigs sterbender Kulisse als Künstler in einer Schaffenskrise porträtiert wird. Die Musikalität der Sprache des Lyrikers, Erzählers, Dramatikers und Übersetzers Werfel lässt seinen Debütroman an vielen Stellen geradezu funkeln.

Gemeinsam mit *Tauben im Gras* (1951) und *Das Treibhaus* (1953) bildet Wolfgang Koeppens Roman *Der Tod in Rom* (1954) eine Trilogie über die noch junge Bundesrepublik. Und natürlich wird Thomas Mann vielfach zitiert und kontrastiert. Wolfgang Koeppen (1906–1996) erzählt von dem progressiven deutschen Komponisten Siegfried Pfaffrath, der einen Kongress in Rom besucht. Es sei verraten: Nicht er stirbt am Ende ... Illusionslos, fast eisig zeichnet der Skeptiker Koeppen das Bild einer Welt, in der die Kräfte der Menschlichkeit kaum eine Chance gegen die höchst lebendigen Geister der faschistischen Vergangenheit haben.

## Goten, nicht Goethe

Der 1876 erschienene historische Roman *Ein Kampf um* Rom des Juristen und Historikers Felix Dahn (1834–1912) über Aufstieg und Fall der Ostgoten im 6. Jahrhundert ist ein typisches Beispiel für den sogenannten »Professorenroman« des ausgehenden 19. Jahrhunderts – und mit 126 Auflagen innerhalb von 35 Jahren ein besonders erfolgreiches. Infotainment aus einer Zeit, in der sich die boomende Industriegesellschaft des neuen deutschen Kaiserreichs nach germanisch-glorreicher Vergangenheit sehnte.

## Römische Gedichte

Die unter anderem mit dem Büchner-Preis ausgezeichnete Lyrikerin und Erzählerin Marie-Luise Kaschnitz (1901–1974) lebte viele Jahre in Rom. *Ewige Stadt. Rom-Gedichte* (1952) und *Engelsbrücke. Römische Betrachtungen* (1955) zählen zu ihren bedeutendsten Werken. Diese

Texte über ihre »Herzlandschaft« zeigen eine kritisch unterfütterte Faszination durch jenen Ort, der gelassene Ewigkeit und einstige Größe verkörpert und zugleich aufdringlich gegenwärtige, lärmende Metropole ist.

Rolf-Dieter Brinkmann (1940–1975) ist eine der einprägsamsten Stimmen der avantgardistischen Lyrik der 1970er und zugleich Wegbereiter der amerikanischen Underground-Lyrik in der BRD. Hauptwerk: *Westwärts 1 & 2* (1975 postum). Vier Jahre nach seinem Tod bei einem Verkehrsunfall in London erschien *Rom, Blicke* (1979). Das Konvolut enthält Prosa, Gedichte, Bildcollagen und Briefe, die während Brinkmanns zweijährigem Aufenthalt in der Villa Massimo entstanden. Aggressiv, resignativ, intensiv. Rom als »eine Art Vorhölle«.

# Es bleibt in der Familie

Unsere Freunde – und manchmal auch Fein-de – können wir uns aussuchen. Unsere Familie nicht. Was geschieht, wenn Menschen zusammenkommen, die einander nicht entkom-men? Verwandtschaftliche Beziehungen sind starke Bande, die verbinden oder einschnüren können – und sind deshalb auch ein häufiges Motiv in der Literatur.

2011 konnte man den Eindruck haben, die UNESCO habe das Internationale Jahr des Fa-milienromans ausgerufen. Zumindest wurden alle Geschichten, in denen ganze oder fragmentier-te Familien vorkamen – ganz gleich, ob für die Handlung relevant oder nicht – als Familienroma-ne gelesen. Mit dem Deutschen Buchpreis ausge-zeichnet wurde denn auch Eugen Ruges (*1954) *In Zeiten des abnehmenden Lichts. Roman einer Familie* (2011). Über einen Zeitraum von sechzig Jahren erzählt er von vier Generationen der Powileits und der Umnitzers, vom sowjetischen und mexikanischen Exil während der Nazizeit über die DDR bis hin zur BRD nach der Wende. Zeitgeschichte in der Abfolge mehrerer Generationen einer Familie zu spiegeln ist ein dankbarer Stoff. Ruge macht mehr daraus als ein Historienspiel, indem er spannungsreich erzählt, wie sich Familienmitglieder über einen so langen Zeitraum mit-, gegen- und nebeneinander entwickeln.

## Familienmemoiren

Der erste, der Familien- und Zeitroman verband, war Karl Immermann (1796–1840). Wenn man dessen umfangreiches Werk *Die Epigonen. Familienmemoiren in neun Büchern. 1823–1835* (1836) mit Ruges Roman vergleicht, sieht man: Die Welt ist größer geworden, die Charaktere individueller, die Beziehungen wie auch die Erzählstruktur komplexer, sogar der beschriebene Zeitraum länger – und der Umfang zugleich erfreulich geringer.

Ein interessantes Motiv findet sich bei Immermann, das bis heute häufig Dreh- und Angelpunkt von Generationenkonflikten innerhalb wie außerhalb der Literatur ist: das Empfinden der Kinder, den Ansprüchen der Eltern nicht zu genügen. Meist gehören die Autoren solcher Geschichten zur Generation der Kinder. Thomas Manns *Buddenbrooks* (1901) ist ein solcher Fall und liefert mit dem Untertitel gleich noch einen Interpretationsvorschlag: *Verfall einer Familie*.

## Joseph Roth

Gewissermaßen als k.u.k.-Äquivalent hierzu kann Joseph Roths (1894–1939) Roman *Radetzkymarsch* (1932) gelten. Auch der Aufstieg und Niedergang derer von Trotta dauert wenige Jahrzehnte und verläuft parallel zum Ende der österreichisch-ungarischen Monarchie. Bei Mann spielen die Frauen jedoch eine wesentlich tragendere Rolle als in Roths soldatischer Männergesellschaft. »Der Leutnant von Trotta, der bin ich«, soll er einmal gesagt haben – obwohl die Trottas mit den Roths nichts zu tun haben, anders als die Buddenbrooks mit den Manns. Der unbehauste Trotta, der um seinen Platz in der Welt ringt und den der Ruhm des Vaters erdrückt, ließ Roth nicht los. Unter schwierigsten Bedingungen und vom Alkoholmissbrauch körperlich zerrüttet, schrieb er im Pariser Exil noch die bis zum Anschluss Österreichs 1938 reichende Fortsetzung *Die Kapuzinergruft* (1938). Sie endet mit der Frage: »Wohin soll ich, ich jetzt, ein Trotta?…«

### Naturalistische Milieus

Weniger Seiten lesen sich nicht unbedingt schneller. Arno Holz (1863–1929) und Johannes Schlaf (1862–1941) bieten mit ihrem Lesedrama *Die Familie Selicke* (1890) über den desolaten Zustand der Familie eines Berliner Buchhalters die Gelegenheit, diese Erfahrung zu machen. Der naturalistische »Sekundenstil«, in dem sich Erzählzeit und erzählte Zeit decken, ist ein besonders früher und radikaler Versuch, die Realität so exakt wie möglich abzubilden. Auf der Bühne inszeniert ist das von fast quälender Langsamkeit. Der Naturalismus war ein wichtiger Schritt für das Selbstverständnis der Literatur, die Welt so darstellen zu wollen, wie sie ist, und nicht, wie man sie gerne hätte.

Im selben Milieu, vierzig Jahre später, spielt Hans Falladas (1893–1947) *Kleiner Mann – was nun?* (1932). Vater-Mutter-Kind – diese kleinste familiäre Einheit bekommt die Härte der Weltwirtschaftskrise brutal zu spüren. So sehr der Buchhalter Pinneberg und seine Frau »Lämmchen« einander und ihren kleinen Sohn, »den Murkel«, auch lieben: In immer weitere Ferne rücken ihre bescheidenen Lebensträume und sie selbst analog zum eigenen sozialen Abstieg vom Zentrum der Großstadt Berlin weit in die ärmliche Peripherie hinaus. Doch im Trommelfeuer der Desillusionierung bewahren sie sich die Hoffnung, dass Liebe und Zusammenhalt sie durch die schwere Zeit tragen mögen.

## Das bürgerliche Trauerspiel

Von den menschlichen Abgründen und Katastrophen in bürgerlichen Familien zu erzählen und dies überhaupt als der Literatur wert zu erachten war bis ins 18. Jahrhundert nicht üblich. Bis dahin war das Lustspiel der Ort für Bürgerliche, nicht die klassische Tragödie. Die war meist dem Adel vorbehalten, auch wenn der große Barockdichter Andreas Gryphius (1616–1664) in seinem Trauerspiel *Cardenio und Celinde* (1657) bereits Bürgerliche auf die Bühne brachte. Im Zug der Aufklärung wurde die Familie zum Rückzugsraum des sich emanzipierenden Bürgertums. Wenigstens hier sollte der Adel keinen Zugriff haben. Zugleich bot die Schilderung des privaten Raums und von adeligen Übergriffen in ihn hinein dramatisches Potential: Das bürgerliche Trauerspiel wurde geboren. Der (bürgerliche) Zuschauer litt mit den Protagonisten auf der Bühne mit.

Der theatererfahrene Gotthold Ephraim Lessing (1729–1781) schuf 1755 mit *Miß Sara Sampson* das erste bürgerliche Trauerspiel und mit *Emilia Galotti* 1772 zugleich den Höhepunkt der Gattung. Die weibliche Hauptfigur im Titel zu nennen wurde fortan Tradition. Friedrich Schillers (1759–1805) *Kabale und Liebe* (1784) sollte zum Beispiel ursprünglich *Luise Millerin* heißen. Und selbst das letzte bürgerliche Trauerspiel, *Maria Magdalena* von Friedrich Hebbel (1813–1863), folgte dieser Tradition, so weit sich das Drama des Realismus in rund neunzig Jahren auch von dem der Aufklärung entfernt hatte. Frauen und Töchter waren immer das schwächste Glied in der familiären Kette. Sie waren am stärksten Bevormundung und seelischem wie körperlichem Missbrauch ausgesetzt und hatten die geringsten Entwicklungsmöglichkeiten. Erwartet wurde von ihnen rollenadäquates Verhalten und nicht etwa eine eigenständige Persönlichkeit.

## Väter und Töchter

Bemerkenswert ist bei *Emilia Galotti* wie bei *Maria Magdalena* die Vater-Tochter-Beziehung: In Lessings Stück glaubt der Vater, die Unschuld und Ehre seiner Tochter nur retten zu können, indem er sie ersticht. Bei Hebbel lädt der Vater der Tochter die Bürde auf, die Ehre der Familie hinge ganz von ihrem tugendhaften Verhalten ab. Der Zuschauer weiß zu diesem Moment bereits, dass Meister Anton bald unschöne Dinge erfahren wird (ebenso über den Sohn). Auch hier ist das Mädchen am Ende tot und der Vater am Boden zerstört: »Ich verstehe die Welt nicht mehr.« Dann fällt der Vorhang.

## Mütter und Töchter

Effi und Else heißen die Opfer in zwei Fällen, in denen die Mütter auf besonders perfide Weise am Unglück ihrer Töchter beteiligt sind. Die siebzehnjährige Titelheldin in Theodor Fontanes (1819–1898) Roman *Effi Briest* (1896) wird mit dem zwanzig Jahre älteren Baron von Instetten verheiratet. Das Pikante daran: Effis Ehemann ist die verflossene Jugendliebe von Effis Mutter. In mehrerer Hinsicht schlechte Voraussetzungen für eine glückliche Ehe. Fontane stellte häufig Frauen in den Mittelpunkt seiner Romane und Erzählungen: von *Grete Minde* (1880), *Cécile* (1885), *Stine* (1890), *Frau Jenny Treibel* (1893) und *Effi Briest* bis hin zum Romanfragment *Mathilde Möhring* (1906 postum). Der typische Fontane-Plauderton entschärft dabei einerseits menschliche Schwächen, lässt aber zugleich den Leser stets unter dem kalten Hauch aus den Untiefen der menschlichen Seele erschaudern.

Arthur Schnitzler war ein besonderer Menschenkenner. In seiner späten Novelle *Fräulein Else* von 1924 lässt er den Leser am aufgewühlten Innenleben eines Mädchens teilhaben. Else erhält in der Sommerfrische einen Brief, in dem ihre Mutter sie darum ersucht, einen Geschäftsfreund ihres Vaters um Geld zu bitten. Ansonsten sei der Vater bankrott. Nur: Der Andere erwartet für die finanzielle Zuwendung eine kompromittierende Gegenleistung ...

Die Seelennot des von den Eltern in dieser Situation allein gelassenen Mädchens hat Schnitzler in diesem inneren Monolog beklemmend eingefangen. Ein Vierteljahrhundert zuvor hatte er diese Erzähltechnik, unter Verzicht eines Erzählers alles aus der gegenwärtigen Wahrnehmung einer Figur schildern zu lassen, in seiner Novelle *Lieutenant Gustl* (1900) in die deutsche Literatur eingeführt.

## Mütter und Söhne

Frühe Beispiele für spannungsreiche Mutter-Sohn-Beziehungen sind das höfische Epos *Parzival* von Wolfram von Eschenbach (ca. 1160/80–1220) und die Heiligenlegende *Gregorius* von Hartmann von Aue (ca. 1160–1215): Die alleinerziehende Mutter Herzeloyde will ihren Sohn Parzival von der gefährlichen Welt der Ritter fernhalten und zieht sich mit ihm in die Einsamkeit zurück. Dumm nur, dass der übermütige Knabe beim Spaziergehen den stärksten Ritter der Gegend en passant so geschickt wie unfair tötet. Immerhin wird aus ihm ein edler Held, auch wenn ihm seine Erziehung fern vom Hofe zwar ein reines Herz beschert hat, er als »tumber Tor« jedoch von einem Fettnäpfchen ins nächste tritt.

Gregorius hingegen, die Frucht einer inzestuösen Geschwisterliebe, wächst elternlos auf. Seiner Mutter begegnet er erst später. Sie verlieben sich, ohne ihrer Verwandtschaft bewusst zu sein, und werden ein Paar. Als sie ihre Sünde erkennen, wird sie Nonne, er Einsiedler und später Papst.

Klar, dass sich beide Stoffe – die auf altfranzösischen Vorlagen beruhen – psychologisch herrlich ausschlachten lassen. Thomas Mann verwandelte die Steilvorlage mit dem ödipalen Gregorius augenzwinkernd in seinem Roman *Der Erwählte* (1951) und Adolf Muschg (*1934) erzählte 1993 in *Der Rote Ritter* den Parzival-Plot neu und weit ausholend.

Als sich die Mutter von Peter Handke (*1942) Ende 1971 das Leben nahm, verfasste er Anfang 1972 die Erzählung *Wunschloses Unglück*. »Das Bedürfnis, etwas über meine Mutter zu schreiben«, mündet in eine zarte Annäherung an eine Frau, der ein selbstbestimmtes, glückliches Leben nie gelang. Zugleich ist der Text eine Reflexion über die Erfahrung, im Niederschreiben keinen Abstand zu gewinnen.

Handkes in feierlichem Ton gehaltene Erzählung *Die linkshändige Frau* (1976) ist zwar keine Fortsetzung, aber auch in dieser Mutter-Sohn-Geschichte geht es um einen (weiblichen) Emanzipationsversuch. Interessant ist hier zudem Handkes *Kindergeschichte* (1980), die auf seiner Erfahrung als alleinerziehender Vater einer Tochter beruht. Dies ist nicht mehr der Handke der *Publikumsbeschimpfung* (1966) und noch nicht jener Handke, der in den 1990ern mit seinen Serbien-Texten heftigen Widerstand hervorrief. Durch Handkes heterogenes Gesamtwerk zieht sich jedoch wie ein roter Faden das Interesse an Fragen von innerer wie äußerer Abhängigkeit und an der Sprache als »einer Realität für sich«.

## Väter und Söhne

Der Romantiker in Machogestalt Wolf Wondratschek (*1943) überraschte 2011 mit der zärtlich-rauen Vater-Sohn-Erzählung *Das Geschenk*. In den 1970ern waren seine Gedichtbände Bestseller. Testosterongeschwängert feiern sie die Freiheit des Individuums auf dem Schlachtfeld der Liebe. In *Das Geschenk* präsentiert sich in der Figur seines Alter Egos Chuck dagegen ein Vater, der sich seiner Liebe zum Sohn erst spät bewusst wird und seine eigene Sanftheit mit Ironie und Freude wahrnimmt.

Ein literarischer Liebesbeweis des Sohns für den Vater ist *Der alte König in seinem Exil* (2010) von Arno Geiger (*1968), eine sehr persönliche, aufrüttelnde und zugleich taktvolle Schilderung der Alzheimererkrankung und des damit einhergehenden körperlichen und geistigen Verfalls seines Vaters. Hier beweist der in Bregenz geborene Schriftsteller seine Könnerschaft, ein emotional besetztes Sachthema mit literarischen Mitteln zu gestalten. Er schaffte damit den Sprung in die Bestsellerliste.

In Geigers 2005 mit dem Deutschen Buchpreis ausgezeichnetem Roman *Es geht uns gut* wird ein Erbe zum Anlass, sich mit der Vergangenheit der Eltern und Großeltern auseinanderzusetzen. Darin findet sich der schöne Satz: »Ich beschäftige mich mit meiner Familie in genau dem Maß, wie ich finde, daß es für mich bekömmlich ist«.

# Hurra,
# die Schule brennt!

D ie Schule als literarisches Thema ist noch nicht besonders alt. Das Interesse an der Prägung des Menschen in Kindheit und Jugend sowie die Frage nach dem Verhältnis von Determination und Willensfreiheit rückte erst um die Wende vom 19. zum 20. Jahrhundert verstärkt ins Bewusstsein. Parallel dazu entwickelte sich seit Ende des 19. Jahrhunderts eine selbstständige Jugendkultur: Unter anderem entstand der »Jugendstil« mit seiner unverwechselbaren floralen Ästhetik. Kinder und Jugendliche wurden nicht mehr als kleine Erwachsene oder als unfertige und damit weniger wertvolle Menschen gesehen; vielmehr setzte sich mit dem vertieften Verständnis der Besonderheit menschlicher Entwicklung in Kindheit und Jugend nach und nach die Ansicht durch, diese als spezielle Phasen des

Menschseins mit eigenen Bedürfnissen zu sehen. Das blieb nicht ohne Auswirkung auf die Literatur der Jahrhundertwende. Zunächst Friedrich Nietzsche (1844–1900) mit seinem in gewisser Weise jugendlich revolutionären, antiautoritären Gestus und später Sigmund Freud (1856–1939) mit seinen fundamentalen Erkenntnissen zur menschlichen Psyche trugen dazu ihren Teil als wichtige außerliterarische Impulse bei.

So ist es kein Zufall, dass die Schule ab etwa 1900 immer öfter als Ort und Kulisse literarischer Texte fungiert – als Mikrokosmos mit eigenen Regeln wie auch als Spiegel der Gesellschaft. Formuliert werden zunehmend Zweifel an der Erziehbarkeit des Menschen, am Machtanspruch bisheriger Autoritäten, an gemeinsamen Werten, an Konventionen. Häufige Konstellationen in diesen Schulgeschichten: Lehrer quälen Schüler, Schüler quälen Schüler. Seltener: Schüler quälen Lehrer bzw. Lehrer quälen Lehrer.

# Schülertragödien

Ein Meilenstein ist *Frühlings Erwachen. Eine Kindertragödie* (1891) des Enfant terrible Frank Wedekind (1864–1918). In seinem Drama mit komischen Zügen schüttelt die aufblühende Sexualität die Pubertierenden ordentlich durcheinander. Der Schüler Melchior schwängert im Überschwang der Triebe das Mädchen Wendla. Aufgeklärt sind beide nicht. Sein Mitschüler Moritz wiederum kann dem Druck der Schule nicht standhalten und erschießt sich, da ihm »das Leben die kalte Schulter« gezeigt habe. Versagt haben in beiden Fällen die Erwachsenen, speziell die Schulinstanzen, die Melchior für den Suizid seines Freundes verantwortlich machen.

Ab etwa 1900 entstand eine Reihe dramatischer und erzählerischer Werke, die vom Selbstmord unter Schülern und Studenten handelten. *Freund Hein. Eine Lebensgeschichte* (1902) von Emil Strauß (1866–1960) gilt als der erste Roman dieser Art. Er handelt vom musisch veranlagten, aber mathematisch schwachen Schüler Heiner und erzielte zahlreiche Auflagen.

In Hermann Hesses *Unterm Rad* (1906) ist der Selbstmord des hoch begabten Protagonisten auf den auch selbst entwickelten Leistungsdruck zurückzuführen. Auch Friedrich Torbergs (1908–1979) Roman *Der Schüler Gerber* (1930), in dem die kluge und selbstbewusst widerständige Titelfigur vom Mathelehrer Kupfer gedemütigt wird, endet mit der Selbstzerstörung aus Verzweiflung.

## Der Lehrer als Tyrann

In allen bisher genannten Werken ringt ein Individuum mit sich, mit der Obrigkeit oder mit den Anforderungen der Gesellschaft und der Familie. Am Ende wird es gebrochen. In gesellschaftlicher, wenn auch nicht physischer Vernichtung gipfelt Heinrich Manns (1871–1950) satirischer Roman *Professor Unrat oder Das Ende eines Tyrannen* (1918): Hier ist es der sadistische Lehrer Professor Raat, von allen »Unrat« genannt, der seinen eigenen Abstieg einleitet, indem er der Sängerin und Tänzerin Rosa Fröhlich verfällt. Die Verfilmung *Der blaue Engel* mit Marlene Dietrich verhalf dem Roman zu anhaltender Popularität.

## Das Internat

In eine eigene Rubrik gehören die Internatsromane: Eine Art ungleiches Bruderpaar bilden *Die Verwirrungen des Zöglings Törleß* (1906) von Robert Musil (1880–1942) und Robert Walsers (1878–1956) Roman *Jakob von Gunten* (1909). Man kann in ihnen Gegenstücke eines Themas sehen: der Haltlosigkeit des Einzelnen in einer Lebensphase und in einer Gesellschaft, die jeweils von wachsender Orientierungslosigkeit gekennzeichnet sind. Die Konsequenzen: Ziellosigkeit, Resignation, Gewalt gegen Andere. Die Individuen sind bereits fragmentiert. Die literarische Moderne hat Einzug gehalten. Die etwa zur selben Zeit entstandenen Bücher stellen beide einen Internatszögling in den Mittelpunkt, machen ihn gar zum »Titelhelden«; beide spielen in der Schülersphäre, die Lehrer sind nur Randfiguren; beide leben in einem Vakuum der Langeweile; beide verlassen am Ende das Internat.

Doch noch spannender sind die Unterschiede. »Ich fühle etwas in mir – und weiß nicht recht, was es ist.« Törleß spricht damit aus, was Pubertierende umtreibt. Seine Verwirrungen sind moralischer, sexueller und ästhetischer Art. Es ist ein Schwanken zwischen Selbsthass und Größenwahn. Jede Klasse funktioniert in dieser Kadettenschule in der österreichischen Provinz als »ein kleiner Staat für sich« und Törleß »als geheimer Generalstabschef«.

Auf den ersten Blick hat Törleß' Entwicklung vom Mitläufer zur treibenden Kraft einer ein Individuum vernichtenden Gruppe Einiges mit der von Diederich Heßling in Heinrich Manns *Der Untertan* (1914/18) zu tun. Doch Musil schaut tiefer und unerbittlicher in den Menschen hinein. Stets überkommt den Leser dabei ein Frösteln.

Das Institut Benjamenta, eine Knabenerziehungsanstalt in einer deutschen Großstadt in Robert Walsers groteskem Roman, ist ein Ort von gruslig-fantastischer Stimmung. Man lernt dort nichts. Alles ist leer, sinnlos, Staffage. Die Zöglinge gehorchen, doch der Verfall der Autoritäten ist augenfällig. Die Jugendlichen haben keine Vorbilder, sehnen sich nach der harten Hand, nehmen aber auch nichts ernst. Die Lehrer schwanken zwischen Autoritätsgeste und Anbiederung.

Bei Walser gibt es keine gruppendynamischen Prozesse, seine Figuren agieren voneinander nahezu unberührt. Jakob von Gunten ist bereits als Jugendlicher ein Zyniker: abgeklärt bis zur Kälte, nichts erwartend, nichts erhoffend, nichts erstrebend. Während im *Törleß* die jugendliche Energie zu körperlicher und sexueller Gewalt, aber auch zu Momenten der Kreativität und Selbsterforschung führt, versandet sie bei Jakob im Nichts.

Musils frühexpressionistischer Prosa steht Walsers in vielem mit Kafka verwandter, surrealer, abgründig komischer Stil gegenüber. Beide waren sie Avantgardisten, der Österreicher Musil ebenso wie der Schweizer Walser. Und beiden wurde erst nach ihrem Tod die uneingeschränkte Anerkennung zuteil, die ihnen dank ihrer Werke zusteht.

Michael Köhlmeiers (*1949) Roman *Die Musterschüler* (1989) kann man als eine Art Fortschreibung von Musils *Törleß* lesen. Er vollzieht das, was bei Musil ausbleibt: die (wenn auch späte) Suche nach den Schuldigen einer Tat. Fünfundzwanzig Jahre, nachdem in einem katholischen Internat im Jahr 1963 ein Schüler von seinen Mitschülern krankenhausreif geschlagen wurde, werden die Beteiligten von einer nicht näher genannten Person befragt. Die aus verhörartigen Dialogen bestehenden Kapitel erzielen durch die Abwesenheit eines Erzählers besondere Unmittelbarkeit und entlarven eine Gemengelage aus Verdrängung und Leugnung. Eine Bestrafung der Schuldigen darf der Leser jedoch nicht erwarten. Köhlmeier ist ein Vollbluterzähler. Bekannt wurde er mit seinen packenden Nacherzählungen antiker Sagen und biblischer Geschichten, dem Fundament der abendländischen Literatur, im Hörfunk. *Abendland* heißt denn auch sein 2007 erschienenes Opus magnum.

## Jugend im 3. Reich

*Der Vater eines Mörders. Eine Schulgeschichte* (1980) ist das letzte Werk des Gruppe-47-Gründungsmitglieds Alfred Andersch

(1914–1980). Der autobiografische Text erzählt, wie Anderschs Alter Ego, der Schüler Franz Kien, in einer Griechischstunde im Mai 1928 vom »Rex« gedemütigt wird. Der Rektor des Münchner Wittelsbacher-Gymnasiums ist der alte Himmler. Nur der Titel *Der Vater eines Mörders* verweist auf dessen Sohn und späteren Naziverbrecher Heinrich Himmler. Andersch geht nicht so weit, einen Erklärungsversuch für den Ursprung des Faschismus bieten zu wollen, aber er beschreibt eindrücklich die persönlichkeitsvernichtenden Mechanismen, denen Generationen von Schülern, unter Berufung auf die Werte und Werke der Alten, von Sokrates bis Goethe, ausgesetzt waren.

Das Erlebnis des Zweiten Weltkriegs und der Gräuel des Nationalsozialismus sowie die Instrumentalisierung der Jugend in jener Zeit erschütterten nachhaltig den Glauben an die Erziehbarkeit des Menschen. Andererseits führte dies zu einer umso stärkeren Hinwendung auch der Literatur zu humanitären Grundwerten und zu einer zivil fundierten Gesellschaft. Das spiegelt sich in vielen Werken, die sich mit der Rolle der Jugend im Dritten Reich beschäftigen.

Die Volksstücke *Geschichten aus dem Wienerwald* (1931) sowie *Kasimir und Karoline* (1932) zählen zu den bekanntesten Werken Ödön von Horváths (1901–1938). Eine tragische Kuriosität ist sein Tod: Er wurde im Pariser Exil bei einem Gewitter von einem Ast erschlagen. *Jugend ohne Gott*, sein 1937 im Exil verfasster letzter Roman, erzählt anhand eines Mordes in einem paramilitärischen Jugendzeltlager und dem anschließenden Prozess von einer Gesellschaft, in der mangelnde und falsche Vorbilder die Jugend verrohen lassen. Die Machtverhältnisse haben sich umgekehrt: Der humanistisch geprägte Lehrer muss hier die Denunziation durch seine Schüler fürchten. Die Prophetie des Romans ist immer noch bemerkenswert. Modern in seiner Anlage sowie im Schwebenden seiner Sprache ist es kein zeitbedingter Thesenroman, sondern ein Stück beeindruckender Literatur.

Siegfried Lenz (*1926) ist sicher kein Achtundsechziger. Dennoch traf sein Roman *Deutschstunde*

1968 den Nerv einer Zeit, in der man vehement von der Elterngeneration Antworten auf Fragen nach Schuld und Verantwortung im Dritten Reich einforderte. Siggi Jepsen lebt nach dem Krieg in einem Heim für schwer erziehbare Jugendliche und wird zu einem Strafaufsatz verdonnert, weil er im Deutschunterricht ein leeres Heft abgab, als er etwas über »Die Freuden der Pflicht« schreiben sollte. In seiner Strafarbeit erzählt er nun von seiner Jugend im Nationalsozialismus, als er zum Verräter an seinem Freund, dem »entarteten« Maler Nansen, werden sollte. Der Roman bescherte Lenz den Durchbruch bei einem breiten Publikum. Lenz avancierte zu einem der meistgelesenen Autoren der Bundesrepublik.

Sprachlich virtuos und beklemmend ist Thomas Bernhards (1931–1989) fünfteilige Autobiografie. Im ersten Band *Die Ursache. Eine Andeutung* (1975) reflektiert er seine Jugend in einem nationalsozialistischen Schülerheim. Es ist ein Ort der Angst, zumal Salzburg laufend bombardiert wird. Ein geregelter Unterricht findet unter diesen Bedingungen nicht statt.

Der Dramatiker, Erzähler und Lyriker offenbart in seinen autobiografischen Texten neben dem typisch monologisch-tiradischen, mit Wiederholungen arbeitenden und gerne kopierten Duktus eine schmerzhafte Sensibilität und Verletztheit. Klar, dass diese Abrechnung mit namentlich genannten Personen, ja, einer ganzen Stadt für einen Skandal und für Prozesse sorgte.

### Die Perspektive des Lehrers

Fast alle bislang genannten Bücher stellen die Schüler und ihre Perspektive in den Mittelpunkt. Die Lehrerperspektive ist eher selten, erst recht, wenn sie ein positives Bild des Lehrenden zeichnen will. Horváths Roman ist da eine Ausnahme. 1774 schuf Jakob Michael Reinhold Lenz (1751–1792) mit *Der Hofmeister oder Vorteile der Privaterziehung* die Tragikomödie über einen Hauslehrer, der seine Schülerin schwängert und sich in einem Anfall von Reue später kastriert. Der scharfe Blick für die verzweifelte Lage der mit wenig Ansehen und Autorität ausgestatteten Privatlehrer ist hier ein interessanter Aspekt. Mit seiner kühnen Szenenfolge war der Dramatiker und (bis zum Bruch 1776) Goethe-Freund Lenz seiner Zeit voraus.

Viel später dann sprach Markus Orths (*1969) mit seinem bitterkomischen Roman *Lehrerzimmer* (2003) vielen Junglehrern aus der Seele, die neu an eine Schule kommen und feststellen müssen, dass nichts von dem, was sie über den Lehrberuf und über ein normales Sozialverhalten unter Erwachsenen wussten, dort Gültigkeit hat.

Jean Pauls *Leben des vergnügten Schulmeisterleins Maria Wuz in Auenthal. Eine Art Idylle* (1793) lässt dagegen schon im Titel erahnen, dass es hier jemand gut meint mit seinem Protagonisten, dem gewitzten und schicksalsergebenen Dorflehrer und »Bücherschreiber« mit dem seltsamen Namen (ab der 2. Auflage: Wutz). Welch ein netter Lehrer. Nur schade, dass im ganzen Buch kein einziger Schüler auftritt …

# Ist das gerecht?

In Krimis fiebern wir der (meist überraschenden) Entlarvung des Täters entgegen. In Thriller verfolgen wir atemlos den Wettlauf zwischen jenen, die ein Verbrechen planen, und jenen, die dies zu verhindern suchen. Greifen literarische Texte reale Kriminalfälle auf oder verwenden sie Elemente des Kriminalromans, steht weniger das Was als vielmehr das Warum im Vordergrund. Weshalb wird jemand zum Verbrecher? Und kann der Verstoß gegen geltendes Recht nicht auch aufdecken, dass Recht mitunter Unrecht ist? Wo klaffen Recht und Gerechtigkeit auseinander?

## Schrei nach Gerechtigkeit

Gerade die Juristen und Schriftsteller in Personalunion haben sich gerne mit den moralischen und juristischen, gesellschaftlichen wie privaten Aspekten dieser Fragen beschäftigt.

Bernhard Schlink (*1944) beispielsweise ging in seinem Weltbestseller *Der Vorleser* (1995) unter anderem der Frage nach, ob es überhaupt Gerechtigkeit gegenüber jemandem geben kann, der als KZ-Aufseherin denkbar größtes Unrecht begangen hat. Georg Büchners (1813–1837) Vormärz-Pamphlet *Der Hessische Landbote* von 1834 mit seiner griffigen Formel »Friede den Hütten! Krieg den Palästen!« ist ein besonders lauter Schrei nach Gerechtigkeit und wollte die politische Realität nicht nur kommentieren, sondern auch verändern. In seinem Drama *Dantons Tod* (1835) illustrierte er mit revolutionärem Schwung jedoch auch, wie Ideale zum Quell eines Unrechtsregimes werden können.

Für den österreichischen Dramatiker Franz Grillparzer (1791–1872) wiederum war gerade die Bewahrung der Ordnung Grundvoraussetzung für Humanität und Gerechtigkeit. Was ist also gerecht? Und wie sorgt man für Gerechtigkeit?

Es folgen: Neun Paragraphen über Recht und Unrecht, Mord und Totschlag und das Gute im Menschen.

## § 1: Holzdiebstahl

Ein abgelegenes Dorf ist der Schauplatz von Annette von Droste-Hülshoffs (1797–1848) Erzählung *Die Judenbuche. Ein Sittengemälde aus dem gebirgichten Westfalen* (1842). Die Bewohner liefern sich seit Generationen ein Katz- und Mausspiel mit den Förstern. Eine archaische Welt: »Unter höchst einfachen und häufig unzulänglichen Gesetzen waren die Begriffe der Einwohner von Recht und Unrecht einigermaßen in Verwirrung geraten, oder vielmehr, es hatte sich neben dem gesetzlichen ein zweites Recht gebildet, ein Recht der öffentlichen Meinung, der Gewohnheit und durch Vernachlässigung entstandenen Verjährung.« Um Holzdiebstahl, nie aufgeklärte Todesfälle und latente wie offene Judenfeindlichkeit entspinnt die Autorin ihre rätselhafte Geschichte. Es mag Droste-Hülshoffs bekanntestes Werk sein. Weitaus umfangreicher ist ihr Schaffen an religiöser und weltlicher Lyrik.

## § 2: Wilderei

Friedrich Schiller interessiert in seiner Erzählung *Verbrecher aus verlorener Ehre* von 1786 (in der 1. Auflage noch *Verbrecher aus Infamie*) die Frage: Warum wird jemand kriminell? Aus zwei Perspektiven entwickelt er fern jeder Wildschützromantik die auf Tatsachen beruhende Geschichte des Wirts Friedrich Wolf, der zunächst zum Wilddieb, später zum Räuber wird. Schiller will ganz im Sinne der Aufklärung verstehen und verständlich machen. Bei Schiller lernt der Leser – vom Autor geschickt gelenkt – in einer Art literarischer Obduktion einen Menschen kennen, der nicht von Grund auf böse ist, sondern nie eine faire Chance erhalten, ja, dem man die Ehre genommen hat. Auch in Schillers Epoche machendem Fünfakter *Die Räuber* (1781) bestand das Unerhörte unter anderem darin, dass hier einem Verbrecher – dem Räuberhauptmann Karl Moor – im wahrsten Sinne des Wortes eine Bühne geboten wurde. Und mehr noch: Ihm wurden sogar sympathische Züge verliehen, so dass sich das Publikum mit ihm und nicht mit seinem intriganten Bruder Franz identifizierte. Wie Wolf erkennt Moor das Gesetz übrigens grundsätzlich an und übergibt sich am Ende selbst der Justiz.

## § 3: Selbstjustiz

Michael Kohlhaas würde »bis in sein dreißigstes Jahr für das Muster eines guten Staatsbürgers haben gelten können«. So schreibt Heinrich von Kleist (1777–1811) zu Beginn seiner im 16. Jahrhundert spielenden Novelle *Michael Kohlhaas* (1810). Am Ende wird Kohlhaas geköpft.

Was ist geschehen? Der angesehene Pferdehändler aus dem Brandenburgischen wird vom Ritter Wenzel zweier Pferde beraubt. Er ruft zunächst vertrauensvoll eine richterliche Instanz nach der anderen an, um wieder zu seinen Pferden und vor allem zu seinem Recht zu kommen. Nicht nur für sich. Er will Rechtssicherheit für jedermann. Doch wiederholt setzen sich Behörden und einflussreiche Personen über verbrieftes Recht hinweg. Kohlhaas greift daraufhin zu den Waffen. Doch kann man Recht mit Unrecht erzwingen? Es folgt ein Hin- und Herwogen der Geschehnisse mit mal naher, mal ferner Hoffnung auf eine Lösung. Kleist bestätigt hier seinen Ruf als ungekrönter König der Novelle: Er ist berühmt für effektvolle Erzähleinstiege und den genau kalkulierten Einsatz von Details und Motiven.

Auf den ersten Blick haben Michael Kohlhaas und Carl Zuckmayers (1896–1977) Wilhelm Voigt in *Der Hauptmann von Köpenick* (1931) nicht viel gemein. Was die Hauptfiguren verbindet: Beide wollen aufrechte Bürger sein und warten lange geduldig auf die Gewährung ihres Rechts. Als sie die Dinge irgendwann selbst in die Hand nehmen, wollen sie Recht, nicht Macht. Die Hauptmannsuniform dient dem straffällig gewordenen Schuster Voigt dazu, den Teufelskreis der Bürokratie zu durchbrechen und eine Aufenthaltserlaubnis zu erhalten, denn die benötigt er für eine Arbeitserlaubnis. Da ihm das Eine ohne das Andere verweigert wird, weiß er sich nicht anders zu helfen als durch diesen Coup. Der Berliner Literaturkritiker Alfred

Kerr (1867–1948), der Marcel Reich-Ranicki der Weimarer Republik, brachte die Ambivalenz dieses »deutschen Märchens in drei Akten« treffend auf den Punkt: »Im ersten Teil stirbt man vor Lachen. Im zweiten merkt mancher, daß er noch lebt.«

### § 4: Meineid

Gerechtigkeit – das Wort fällt schon in den ersten Absätzen von Lion Feuchtwangers (1884–1958) Roman *Erfolg* von 1930. Es ist dort von einem modernen Ölbild mit dem Titel *Josef und seine Brüder oder: Gerechtigkeit* die Rede. Sein Käufer, der Münchner Museumsdirektor Dr. Martin Krüger, wird in der Folge zum Opfer einer konzertierten Aktion: In einem absurden Meineidsprozess versuchen konservative Kräfte den Liberalen loszuwerden – erfolgreich. Mit einem enormen Aufwand an Personen, zum Teil mit realen Vorbildern, fängt Feuchtwanger die Stimmung im München der frühen 1920er Jahre ein, als der aufkommende Nationalsozialismus mit dem Hitler-Putsch sichtbar sein Haupt erhob. Und er schildert die Gefahren einer Justiz, die Unrecht im Namen des Rechts spricht.

Gemeinsam mit *Die Geschwister Oppermann* (1933) und *Exil* (1940) bildet der farbenreiche Roman Feuchtwangers *Wartesaal*-Trilogie über die Entwicklungen in Deutschland von den 1920er bis in die 1930er Jahre. Er ist das vielleicht stärkste Werk des in über vierzig Sprachen übersetzten Bestsellerautors.

## § 5: Amtsmissbrauch

Auch in Heinrich von Kleists Lustspiel *Der zerbrochne Krug* steht die Justiz im Fokus: Witwe Marthe Rull beschuldigt den Bauernsohn Ruprecht, in der vorangegangenen Nacht ihren wertvollen Krug zerbrochen zu haben. Der Dorfrichter Adam soll ermitteln. Aber Adam weiß, dass er selbst der Täter ist, als er im Suff Marthes Tochter Evchen gegenüber zudringlich wurde und überstürzt fliehen musste. Was in Dialog und Szenerie so komisch daherkommt, ist im Kern tiefernst: Es ist die Kritik an einer durch Amtsmissbrauch korrumpierten Justiz.

Zwar steht am Ende die Aussicht auf Revision beim nächsten Gerichtstag, aber zum Fehlurteil kommt es zunächst trotzdem. Die Erfolgsgeschichte des heute noch viel gespielten Einakters setzte erst nach Kleists Selbstmord ein. Die von Goethe mit wenig glücklicher Hand inszenierte Uraufführung 1808 in Weimar war ein Flop und belastete die Rezeption auf Jahre hinaus.

## § 6: Unterlassene Hilfeleistung

Gericht gehalten wird häufig in der Literatur – im übertragenen wie im konkreten Sinne. Rolf Hochhuths (*1931) »christliches Trauerspiel« *Der Stellvertreter* versuchte 1963 auf der Bühne den Nachweis zu erbringen, dass sich Papst Pius XII. durch Schweigen mitschuldig an der Ermordung der Juden durch die Nationalsozialisten gemacht habe. Zahlreiche Dokumente, Briefe, Zeugenaussagen und Auszüge aus Gerichtsprotokollen sind in Dialoge und lange Regieanweisungen eingearbeitet sowie in einem umfangreichen Anhang beigefügt. Autor und Stück wurden weltweit gleichermaßen Lob wie Ablehnung zuteil. Die Bühne war schon für Schiller und Brecht eine Lehranstalt. Hochhuths Ansatz war jedoch der Startschuss für das dokumentarische Theater. Mit breitestem Einsatz authentischen Materials sollten hier vornehmlich Themen der jüngsten Zeitgeschichte verhandelt werden, um sich auf diesem Wege der gerechten Beurteilung bzw. der aus Autorensicht meist noch ausstehenden Verurteilung der Beteiligten anzunähern. Vorgeworfen wurde diesen Stücken oft Sprödigkeit, mangelnde Bühnentauglichkeit und Literaturferne. Für Diskussionen sorgten sie immer.

So auch Heinar Kipphardts (1922–1982) *In der Sache J. Robert Oppenheimer* (1964) über die Schuld eines der Väter der Atombombe und *Bruder Eichmann* (1983) über den Naziverbrecher Adolf Eichmann. Peter Weiss (1916–1982), einer der bedeutendsten Theoretiker des Dokumentartheaters und Autor von *Die Ermittlung* (1965) über den ersten Auschwitzprozess, schuf zudem wohl den längsten Dramentitel der deutschen Literatur: *Die Verfolgung und Ermordung*

*Jean Paul Marats dargestellt durch die Schauspiel-*
*gruppe des Hospizes zu Charenton unter Anleitung*
*des Herrn de Sade* (1964).

## § 7: Anstiftung zum Mord

Eine Milliarde für Güllen, wenn jemand Alfred Ill tötet.« Geld für ein Menschenleben. Oder, wie Claire Zachanassian, die Anstifterin zum Mord es sieht: »Ich gebe Euch die Milliarde und kaufe mir dafür Gerechtigkeit.« Denn Alfred ließ sie einst mit einem Kind sitzen. Claire verlor das Kind und stürzte in die Prostitution. Schwerreich kehrt sie in ihre heruntergekommene Heimatstadt mit dem sprechenden Namen zurück und nennt die Bedingung für ihre Finanzhilfe. Alle sind empört. Zunächst ... Friedrich Dürrenmatts (1921–1990) tragische Komödie *Der Besuch der alten Dame* (1956, Neufassung 1980) ist sein meist gespieltes Stück.

Mit Max Frisch (1911–1991), dem Dramatiker und Autor der Identitätsromane *Stiller* (1954) und *Mein Name sei Gantenbein* (1964), bildete Dürrenmatt ein Duo, das über Jahrzehnte hinweg die Schweizer Literatur dominierte. Sein Interesse an kriminalistischen Stoffen, um der Strapazierfähigkeit menschlicher Moral und Werte nachzugehen, offenbart sich auch in seinen Kriminalromanen *Der Richter und sein Henker* (1952), *Der Verdacht* (1953) und *Das Versprechen. Requiem auf den Kriminalroman* (1958).

## § 8: Kindsmord

Kann man, darf man Verständnis für jemanden haben, der ein Kind getötet hat? Ende des 18. Jahrhunderts griffen mehrere Autoren das Thema des Kindsmords auf. Nicht nur verurteilen, sondern verstehen wollten sie jene jungen ledigen Frauen, die ihre Neugeborenen töteten, weil sie geächtet keine Perspektive mehr sahen. Gottfried August Bürger (1747–1794) und Friedrich Schiller schrieben Balladen dazu. In Jakob Michael Reinhold Lenz' Stück *Die Soldaten* (1776) taucht das Motiv der verführten Unschuld, die zur Mörderin an ihrem Kind wird, ebenfalls auf.

Am bekanntesten sind jedoch Heinrich Leopold Wagners (1747–1779) Trauerspiel *Die*

*Kindermörderin* von 1776 und Goethes *Faust* (1806 abgeschlossen, 1808 erschienen). Goethe warf Wagner vor, bei ihm geklaut zu haben. Doch wie sollte das zeitlich gehen? Die beiden studierten zusammen Jura in Straßburg, als der Fall einer Kindsmörderin für Aufsehen sorgte. Kurz darauf, ab etwa 1772, begann Goethe am Faust-Stoff zu arbeiten und las Freunden aus dem Fragment vor. Dieser sprachlich noch ungezügelte *Ur-Faust* blieb unabgeschlossen liegen. Erst Mitte der 1780er nahm sich Goethe das Drama um den Gelehrten und seinen Pakt mit dem Teufel wieder vor, um ihm die heutige Form zu verleihen. Von Plagiat kann hier keine Rede sein – beide Autoren griffen einfach ein Zeitthema auf. Auf jeden Fall ist *Faust I* (anders als der schwer zugängliche und opernhafte *Faust II* von 1832) eines der wirkungsmächtigsten Werke der deutschen Literatur. Es bescherte uns nicht nur eine Flut an epigonenhaften und parodistischen Faust-Adaptionen, sondern auch zahlreiche geflügelte Worte: von »des Pudels Kern« bis hin zu »Heinrich! Mir graut's vor dir.« Den Deutschen graute es vor dem egozentrischen Faust eher wenig. Sie faszinierte das sogenannte »Faustische«. Für das verzweifelte Gretchen brachten sie deutlich weniger Empathie auf.

## § 9: Willkürjustiz

Jemand mußte Josef K. verleumdet haben, denn ohne daß er etwas Böses getan hätte, wurde er eines Morgens verhaftet.« Als das Werk mit diesem berühmten ersten Satz 1925 erschien, war sein Autor bereits ein Jahr unter der Erde. *Der Proceß* war das erste Werk Franz Kafkas (1883–1924), das dessen Freund, der Schriftsteller Max Brod (1884–1968), aus dem Nachlass herausgab – entgegen Kafkas Wunsch, nach seinem Tod alle Manuskripte zu verbrennen. Die Geschichte des Mannes, der nie erfährt, wessen er eigentlich angeklagt ist, fasziniert in ihrer Zugänglichkeit und ihrer abgründigen Rätselhaftigkeit bis heute. Alptraumhaft, unentrinnbar. Kafkaesk eben.

# Dorfidyll und Großstadtmoloch

Geschichten müssen irgendwo spielen. Viele könnten überall spielen, manche nur an einem bestimmten Ort – zum Beispiel im Dorf oder in der Stadt. Schriftsteller interessierten sich seit dem 19. Jahrhundert verstärkt für die Wechselbeziehungen zwischen Mensch und städtischer bzw. dörflicher Umwelt. Eine faszinierende Breite an literarischen Mitteln und Ansätzen offenbart sich, wenn man den Menschen in diesen Texten folgt: in ihr Hinterwäldlerkaff oder Dorfidyll, in die gefräßige oder die verheißungsvolle Großstadt …

## Ländliche Dramen

Auf dem Lande halten sich Traditionen und mündliche Überlieferungen oft lange. Das Ringen mit einer übermächtigen Natur – ob in den Schweizer Bergen oder am nordfriesischen Wattenmeer – und die schwer durchschaubaren Ursachen des Ausgeliefertseins an ihre Gewalten befördern zugleich den Aberglauben.

Jeremias Gotthelf (1797–1854) in *Die schwarze Spinne* (1843) und Theodor Storm (1817–1888) in *Der Schimmelreiter* (1888) verwoben Sagenstoffe mit Beobachtungen des ländlichen Lebens und seiner Strukturen. Die zwei handlungsreichen Novellen sind Höhepunkte im Schaffen ihrer Autoren. Im Vergleich zeigt sich, in welche Richtung sich das Erzählen in den über vierzig Jahren, die zwischen beiden Texten liegen, entwickelte: Die Komplexität der Figuren und der Realitätsgehalt der Schilderung der dinglichen Welt sind gestiegen, die didaktische Absicht hat abgenommen.

Im Dorf kennt man sich. Die räumliche Enge der Dorfgemeinschaft kann für den Einzelnen mal zum Gefängnis, mal zum Schutzraum werden. Storms Zeitgenossin Marie von Ebner-Eschenbach (1830–1916) schildert in ihrem Hauptwerk *Das Gemeindekind* (1887), wie ein

Dorf bei seiner Verantwortung, Schutz zu bieten, versagt. Die aus böhmischem Hochadel stammende Lyrikerin und Erzählerin zeigte ein waches Interesse an den Verwerfungen ihrer Zeit, in der die Industrialisierung die Landwirtschaft nachhaltig zu verändern begann. Ihre *Dorf- und Schloßgeschichten* (1883) und *Neuen Dorf- und Schloßgeschichten* (1886) sind an den Reibungspunkten zwischen Adel, Bauernschaft und Bürgertum angesiedelt. In ihrem spätrealistischen Roman *Das Gemeindekind* verpflichtet sich ein Dorf, für das Aufwachsen des Halbwaisen Pavel zu sorgen, dessen Vater als Mörder gehenkt wurde und dessen Mutter im Gefängnis sitzt. Doch die Gemeindemitglieder entziehen sich dieser Aufgabe. Sie halten Pavel aufgrund seiner Herkunft ohnehin für verloren. Pavels Willensstärke belehrt sie (und den Leser) eines Besseren.

Ein solches Gemeindekind findet sich auch in Ludwig Anzengrubers (1839–1889) Bauernkomödie *Die Kreuzelschreiber* (1872) in der Person des Steinklopferhannes. Anzengrubers Volksstücke (u.a. *Der Meineidbauer*, 1872) und sein

»Dorfroman« *Der Sternsteinhof* (1884) haben in ihrem scharfen Blick für die aktuellen sozialen Probleme mit schlichter Komödienstadelei oder den recht trivialen Heimatromanen eines Ludwig Ganghofer (1855–1920) nichts zu tun. Bei Ganghofer ist das Dorf Kulisse für die Inszenierung der Sehnsucht nach einer heilen Welt. Die Guten werden liebevoll mit kleinen Fehlern ausgestattet, die Bösen sind leicht identifizierbar, werden lächerlich gemacht oder ihrer gerechten Strafe zugeführt.

Auch Ludwig Thoma (1867–1926) machte das Dorf in seinen satirischen *Lausbubengeschichten* (1905) und Theaterstücken zur Bühne alltäglicher Allzumenschlichkeiten. Franz Xaver Kroetz (*1946) und Martin Sperr (*1944) dagegen transponierten in den 1970ern mit ihren ätzenden sozialkritischen Dramen die Anzengruber-Tradition ins 20. Jahrhundert und konnten dabei auf Brecht, Horváth und Marieluise Fleißer (1901–1974) aufbauen. Ihre Stücke zeigen eine ärmliche Kleinbauern- und Proletarierwelt, die von Sprach- und Beziehungslosigkeit gekennzeichnet ist.

## Der Charme der Provinz

Im Gefolge der Industrialisierung bildete sich zwischen Stadt und Land ein immer schärferer Kontrast heraus. Noch zu Goethes Zeiten war ein Großteil der Einwohner der Residenzstadt Weimar Ackerbürger. Sie lebten zwar in städtischen Gemeinschaften, gingen aber tagsüber auf ihre Felder vor den Mauern. Einige Jahrzehnte später hatte der Prozess der Urbanisierung volle Fahrt aufgenommen, die Gesellschaft verstädterte.

Die Welle an Heimatliteratur Ende des 19. Jahrhunderts ist als Reaktion auf die als Bedrohung empfundenen Modernisierungsschübe zu deuten, so wie man auch die Flut an Heimatfilmen nach dem Zweiten Weltkrieg als Flucht in eine tannengrün-himmelblaue Welt sehen kann. Und dass in Zeiten der Globalisierung gerade Provinzkrimis viele Leser finden, dürfte kein Zufall sein.

Gesprochen wird in solchen Texten oft im Dialekt, in dialektaler Färbung oft auch vom Erzähler selbst. Verleiht ihnen dies die Würze der Authentizität oder ist es eher ein Zeichen von

Provinzialität und Regionalisierung? Obwohl der deutsche Sprachraum extrem ausdifferenziert ist, hat sich der Dialekt als Vehikel für Literatur immer schwer getan. Schließlich gibt es für keinen deutschen Dialekt und nicht einmal für das als Sprache anerkannte Schweizerdeutsche eine verbindliche Schriftform.

Der Schweizer Berufspessimist Gottfried Keller war höchst skeptisch, welchen Gewinn Fritz Reuters (1810–1874) Erzählungen und Romane über dörfliches und kleinstädtisches Leben in Mecklenburg daraus zögen, dass sie auf Plattdeutsch verfasst seien. Auch die Passagen und Einsprengsel in mecklenburgischem Platt in Uwe Johnsons (1934–1984) Werk – von *Mutmaßungen über Jakob* (1959) bis hin zum voluminösen Tagebuchroman *Jahrestage. Aus dem Leben von Gesine Cresspahl* (1970–1983), in dem das Verhältnis von enger, aber vertrauter Heimat und weiter Welt eine zentrale Rolle spielt –, haben die Leser mitunter grübeln lassen.

Eine der bekanntesten Dorfgeschichten entstammt einer Sammlung von Erzählungen über die Bewohner einer fiktiven Schweizer Stadt: *Romeo und Julia auf dem Dorfe* aus dem ersten Band von Gottfried Kellers *Die Leute von Seldwyla* (1856). Die erweiterte Auflage von 1874 enthält übrigens die nicht weniger bedeutende Novelle *Kleider machen Leute*. Keller war nicht einfach ein Trittbrettfahrer, der sich einen Erfolg versprechenden Stoff aneignete, nämlich Shakespeares Geschichte der verfeindeten Familien und deren sich liebende Sprosse, die, gemeinsam in den Tod gehend, zum berühmtesten Liebespaar der Weltliteratur wurden. Nein, vieles an Kellers hundertfünfzig Jahre alter Erzählung ist modern: der Einsatz der Motive, die psychologische Ausgestaltung und Entwicklung der Figuren, der Wechsel im Erzähltempo etc. Bemerkenswert ist, wie realistisch Keller den Prozess der Verelendung der Landbevölkerung schildert, die nach ihrem Scheitern ihr Glück in der Stadt sucht, aber dort den sozialen Abstieg nur besiegelt.

## Summer in the city

Der Weg vom Dorf in die Stadt führte ohnehin öfter nach unten als nach oben. Im Kapitel zum Bildungsroman hatten wir bereits einige solcher Fälle voller Hoffnungen, Abenteuer und Enttäuschungen. Oskar Maria Graf (1894–1967) floh regelrecht aus seinem Heimatort Berg am Starnberger See ins verführerisch leuchtende München. In seiner Autobiografie *Wir sind Gefangene. Ein Bekenntnis* (1927) über die Jahre 1905 bis 1919 schildert er mit der ihm eigenen Kombination aus Selbstbewusstsein und Selbstironie diese ersten Schritte in die Freiheit: ein Weg aus der Begrenztheit hin zu den Chancen und Fallen der Bohème-Hochburg. Es war nicht die letzte Station dieses beweglichen Geistes in einem stattlichen Körper: Graf starb 1967 in New York, wohin er, der Antifaschist in Lederhosen, vor den Nationalsozialisten fliehen musste.

Lohnend ist im Vergleich dazu die Lektüre von Uwe Timms (*1940) Debütroman *Heißer Sommer* (1974). Graf und Timm nahmen beide an revolutionären Bewegungen in München aktiv teil: Bei Graf war es die Novemberrevolution 1918, bei Timm die Studentenbewegung 1968. So unterschiedlich die Umstände und der Grad an Gefahr für Leib und Leben jeweils waren: Beide Autoren bannen packend das aufregende und aufgeregte Klima einer Stadt auf Papier, die oft als allzu gemütlich, verlässlich, sprich langweilig empfunden wird. »Von der Straße herauf Stimmen, Schritte, dahinter: das gleichmäßige Rauschen der Stadt« heißt es zu Beginn von *Heißer Sommer*. Mit dem Gleichmaß ist es da bald vorbei.

## Großstadtromane

Großstadtromane haben meist viele Helden. Oder Verlierer. Wie man's nimmt. Auch die Stadt selbst kann zur Protagonistin werden. Die Weltmetropolen New York, London, Paris, Berlin wurden besonders häufig »Hauptdarstellerinnen« von Romanen. Während in vielen dieser Werke ein polyperspektivischer Ansatz gewählt wurde, sieht der Leser im ersten deutschsprachigen Großstadtroman durch die Augen einer einzelnen Figur: »Ich lerne sehen.« Und mit ihm der Leser. Der Ich-Erzähler in *Die Aufzeichnungen des Malte Laurids Brigge* (1910) von Rainer Maria Rilke (1875–1926) ist ein junger melancholischer Schriftsteller aus altem dänischen Adel. Er sieht Paris mit den Augen des Neuankömmlings und hält seine Beobachtungen in einem Tagebuch fest. Dazu kommen die Geräusche, die in Fetzen zu ihm dringen, die Gerüche, denen er sich nicht entziehen kann, und die Erinnerungen an die Kindheit auf dem Lande. Das alles verdichtet sich zu einem Dauerfeuer innerer wie äußerer Eindrücke, dem er schutzlos ausgeliefert ist. Und ist es einmal still, ist das so unnatürlich, dass einen schaudert. Diese Überforderung der Sinne hat Rilke in seiner charakteristischen Bildsprache in einer Intensität gestaltet, die ihn als den sprach- und formbewussten Lyriker zeigt, aus dessen Feder Gedichte wie *Der Panther* oder *Herbsttag* flossen.

Diese Reflexion über die Sprache erinnert an Hugo von Hofmannsthals (1874–1929) literaturtheoretischen Text *Brief des Lord Chandos* (1902), in dem jener Francis Bacon beichtet, ihm sei »die Fähigkeit abhanden gekommen, über irgendetwas zusammenhängend zu denken oder zu sprechen«. Eine Handlung im engeren Sinne gibt es in Rilkes *Aufzeichnungen* nicht. Daher gilt der Roman auch als der erste moderne Roman in deutscher Sprache. Ohne autobiografisch zu sein, basiert Rilkes umfangreichstes Prosawerk auf seinen eigenen Erlebnissen, als er 1902 nach Paris reiste, um den Bildhauer Auguste Rodin kennenzulernen; bald darauf wurde er dessen Sekretär. Ab 1904 bis kurz vor Erscheinen 1910 arbeitete er an den *Aufzeichnungen*. Sie sind ein Markstein seiner ästhetischen Neuorientierung: weg von mönchisch-impressionistischer Innerlichkeit, hin zur genaueren Wahrnehmung der Außenwelt. Nicht mehr entrückt, sondern der inneren wie äußeren Wirklichkeit näher rückend.

Berlin, Berlin, wir fahren nach Berlin! Sie ist die Lieblingsstadt der deutschen Dichter, und das nicht erst seit den 1990ern, als es Mode wurde, nach Berlin zu ziehen. Schon Robert Walser, Kafka, Rilke, Musil, Brecht, Feuchtwanger und Kästner, um nur einige zu nennen, zog es aus dem Süden zumindest für eine gewisse Zeit in die Metropole. Manche zogen zwar wieder weg, weil sich ihre Hoffnungen nicht erfüllten, aber fasziniert waren sie alle von ihr, ihrem Glamour, ihrer Energie.

Die Berliner Gesellschaftsromane Theodor Fontanes entstanden in jenen Jahren, als die preußische Hauptstadt zur Boomtown wurde. Sie fangen vornehmlich ein fein aufgefächertes bürgerliches Milieu, seinen Wandel und die Übergangszonen zu Proletariat und Adel ein. Der Klebstoff dieses Menschengeflechts ist das Gespräch. In Fontanes Romanen reden die Stadtmenschen noch miteinander. Oder übereinander.

Die Gründerjahre formten Städte zu Industriezentren mit Wohnblocks, zu »Riesensteinmeeren«, wie es in Georg Heyms (1887–1912) Gedicht *Berlin I* heißt. Neue Paläste und Kathedralen – versehen mit qualmenden Schornsteinen –, prägten das Bild. Die schwarz verrußte »Weltstadt« als »Gott«, besetzt von »Dämonen«, ist eines der wiederkehrenden Motive in Heyms so dunkler wie kraftstrotzender Lyrik. Einer der Wegbereiter des Expressionismus ist Heym zudem Exponent einer Generation von Autoren, die die Literaturfähigkeit der Technik entdeckten, ihre Dynamik, die mitreißen und niederwalzen konnte. Damals dynamisierte sich auch die Literatur und dehnte sich in der Weimarer Republik zu einem Regenbogen, in dem gleichzeitig Stefan Georges (1868–1933) Ästhetizismus, Kurt Tucholskys (1890–1935) Feuilletonpreziosen oder die politisch engagierte Prosa einer Anna Seghers (1900–1983) ihre Farben beisteuerten.

*Der* Berlin-Roman schlechthin ist sicher Alfred Döblins (1878–1957) *Berlin Alexanderplatz. Die Geschichte vom Franz Biberkopf* (1929) – ein Meilenstein der Großstadtliteratur. Bahnbrechend war die Radikalität von Döblins Montagetechnik, die einen bislang unbekannten Reichtum an Stimmen und Stilebenen innerhalb eines

Textes schuf. Es gibt hier keinen durchgehenden Erzähler, der wie ein Puppenspieler seine Marionetten dirigiert. Wer erzählt, wissen wir oft nicht. Der Erzähler löst sich auf. Mehr noch: Der Gegenstand, die Stadt, erzählt sich selbst – durch Zitate aus Zeitungsartikeln, Reklamesprüchen, Formularen, Lexikonbeiträgen, Redensarten, bekannten Schlagern, durch Jargon aus dem Arbeitermilieu, dem Berlinerischen und Jiddischen, durch Bruchstücke aus Texten wie der Hausordnung des Strafgefängnisses Berlin-Tegel oder auch der Bibel. DJ Alfred mixt den Berlin-Sound.

Ähnlich wie Rilkes empfindsamer Adeliger ist auch der vorbestrafte Zement- und Transportarbeiter Franz Biberkopf überwältigt von der feindseligen Stadt, die von allen Seiten auf das Individuum eindringt, es vereinnahmt und ausschließt zugleich. Das ungeordnete und rastlose Durcheinander ist der Rahmen für die »Gewaltkur«, wie es im Vorwort heißt, die Biberkopf von seinem »Lebensplan« heilt, einfach anständig sein zu wollen.

»Es soll auf den Namen der Stadt kein besonderer Wert gelegt werden. Wie alle großen Städte bestand sie aus Unregelmäßigkeit, Wechsel, Vorgleiten, Nichtschritthalten, Zusammenstößen von Dingen und Angelegenheiten, bodenlosen Punkten der Stille dazwischen, aus Bahnen und Ungebahntem, aus einem großen rhythmischen Schlag und der ewigen Verstimmung und Verschiebung aller Rhythmen gegeneinander, und glich im ganzen einer kochenden Blase, die in einem Gefäß ruht, das aus dem dauerhaften Stoff von Häusern, Gesetzen, Verordnungen und geschichtlichen Überlieferungen besteht.« Auch wenn der Name der Stadt vermeintlich unwichtig ist: Es geht um Wien im August 1913. Robert Musil hatte einen hintersinnigen Humor. Die Sätze aus dem ersten Kapitel mit dem schönen Titel *Woraus bemerkenswerter Weise nichts hervorgeht* seines Mammutwerks *Der Mann ohne Eigenschaften* zeigen dies. Nahezu sein ganzes schriftstellerisches Leben hat Musil an diesem Projekt gearbeitet. Fertig wurde er bis zu seinem plötzlichen Tod 1942 nicht. Rund 1.000

Seiten wurden zu Lebzeiten veröffentlicht (in zwei Teilen 1930 und 1932), nochmal so viele aus dem Nachlass.

Über die angebliche Unlesbarkeit dieses wuchernden Romanwunders wird viel geredet – allerdings bevorzugt von Menschen, die es nicht gelesen haben. Daher sei hier noch eine besonders schöne Stelle über die Poesie der Städte zitiert: »Die Rinde der Bäume war noch vom Morgen feucht. Draußen auf der Straße lag veilchenblauer Benzindunst. Die Sonne schien hinein, und die Menschen bewegten sich lebhaft. Es war ein Asphaltfrühling, ein jahreszeitenloser Frühlingstag im Herbst, wie ihn die Städte hervorzaubern.«

Ein Denkmal setzte Heimito von Doderer (1896–1966) seiner Heimatstadt Wien mit der Trilogie *Die Strudlhofstiege oder Melzer und die Tiefe der Jahre* (1951), *Die Erleuchteten Fenster oder Die Menschwerdung des Amtsrates Julius Zihal* (1951) und *Die Dämonen. Nach der Chronik des Sektionsrates Geyrendorff* (1956). Porträtiert *Die Strudlhofstiege* wie Musils *Mann ohne Eigenschaf-*

*ten* die Wiener Gesellschaft um den ersten Weltkrieg herum, so sind *Die Dämonen* im Österreich der Jahre 1926/27 angesiedelt, als sich die politischen Spannungen zwischen rechten und linken Kräften in bürgerkriegsähnlichen Tumulten entluden. Auf die Spitze treibt Doderer seine barocken Metaphernkaskaden in den *Erleuchteten Fenstern*, die in der grotesken Entwicklungsgeschichte eines vertrockneten Beamten zum liebesfähigen Mann ein Großstadtphänomen aufgreifen: die Nähe und Ferne der Fenster gegenüberliegender Häuser, die uns das Leben der Menschen dort herüberwerfen sowie das unserige hinüberwerfen, obwohl wir voneinander eigentlich nichts wissen.

Doderer blieb zwar immer ein Autor für einen kleineren Leserkreis (die sich selbst gerne als »Heimitisten« bezeichnen). Dennoch beeinflusste er zum Beispiel auch Uwe Tellkamps (*1968) figurenreichen Dresden-Roman *Der Turm* (2008). Beide Texte steuern auf einen Tag zu, der schicksalhaft für die Stadt und ihre Bewohner ist – bei Doderer ist es der Brand des Wiener Justizpalastes am 15. Juni 1927, bei Tellkamp der Tag des Mauerfalls.

Erich Kästners (1899–1974) *Fabian. Die Geschichte eines Moralisten* (1931) fängt die aggressiv-aufgekratzte, erotisierte Stimmung in Berlin am Ende der Weimarer Republik ein: »Die Stadt glich einem Rummelplatz. Die Häuserfronten waren mit buntem Licht beschmiert. Die Sterne am Himmel konnten sich schämen. Ein Flugzeug knatterte über die Dächer.« Gut zehn Jahre später warfen Flugzeuge etwas Anderes über der Stadt ab als Werbung für Nacktbars wie in *Fabian*.

## Literatur aus Trümmern

Die Zerstörung der Städte im zweiten Weltkrieg schuf Orte des Nichts. Aus dem »Dickicht der Städte« (Brecht) war eine Trümmerwüste geworden. Berlin, Hamburg, München, Köln taugten vorerst nicht mehr als literarische Schauplätze zur Beschäftigung mit Faszination und Schrecken der Urbanität, sondern waren nun bedrückendes Sinnbild für die militärische und moralische Bankrotterklärung eines Landes und seiner Menschen, aber auch für den hoffnungsvollen Neuaufbruch in der »Stunde Null«.

Die Ruinen sind in der »Trümmerliteratur« der unmittelbaren Nachkriegszeit für Autoren wie Wolfgang Borchert (1921–1947), Hans Erich Nossack (1901–1977), Wolfdietrich Schnurre (1920–1989) oder auch Heinrich Böll der brüchige Rahmen für die Auseinandersetzung mit Fragen von Schuld, Verantwortung und dem Alltag der Überlebenden.

## Geteilte Erinnerungen

Die Stadt, kurz vor Herbst noch in Glut getaucht nach dem kühlen Regensommer dieses Jahres, atmete heftiger als sonst.« So fängt Christa Wolfs (1929–2011) frühe Erzählung *Der geteilte Himmel* (1963) die angespannte Atmosphäre ein, als der Mauerbau 1961 aus Berlin sichtbar zwei Berlins machen sollte. Der erste literarische Text zur Teilung der Stadt erzählt anspielungsreich die Geschichte einer gescheiterten Beziehung. Sie beginnt als Liebe zweier DDR-

Bürger, die endgültig zerbricht, als der Mann in den Westen geht.

Der Mauerbau am 13. August 1961 manifestiert die Entfremdung zweier Menschen und zweier politischer Systeme. Zugleich begründete die deutsch-deutsche Teilung einen ganz eigenen Zweig der deutschen Literaturgeschichte: die Literatur der DDR. Viele ihrer Exponenten, neben Wolf etwa die Lyrikerin Sarah Kirsch (*1935), der Dramatiker Heiner Müller (1929–1995) oder der 1976 ausgebürgerte Liedermacher Wolf Biermann (*1936), entwickelten nach anfänglicher Zustimmung eine zunehmend kritische Haltung zur politischen Realität des SED-Staates, was sich mal mehr, mal weniger offensichtlich in ihren Werken ausdrückte.

Im Kontrast zu Wolfs Buch über das geteilte Berlin empfiehlt sich Sven Regeners (*1961) unterhaltsamer Debütroman *Herr Lehmann* (2001) über das Lebensgefühl eines speziellen West-Berliner Milieus dreißig Jahre später am Vorabend des Mauerfalls, das in seiner Selbstbezogenheit diese Mauer schon gar nicht mehr wahrnimmt. Er endet mit den Sätzen »Ich gehe erst einmal los, dachte er. Der Rest wird sich schon irgendwie ergeben.«

Eine wunderbare Einstellung – auch für die Begegnung mit Literatur. Viel Spaß beim Gehen!

# Zum Weiterlesen

Wolfgang Beutin u.a.: *Deutsche Literatur-geschichte. Von den Anfängen bis zur Gegenwart*, Stuttgart/Weimar [7]2008 [Guter Überblick]

Volker Meid: *Metzler Literatur Chronik. Werke deutschsprachiger Autoren*, Stuttgart/Weimar [3]2006 [Chronologisch geordnete Einzeldar-stellungen wichtiger Werke]

*Gedichte und Interpretationen. Eine Inter-pretationssammlung zur deutschen Lyrik von der Renaissance bis zur Gegenwart.* Hrsg. von Volker Meid, Karl Richter und Wulf Segebrecht, Stuttgart 1998 [7 Bände im Schuber]

Gerhard Schulz: *Die deutsche Literatur zwischen Französischer Revolution und Restauration. Band 1: 1789–1806 / Band 2: 1806–1830 (Geschichte der deutschen Literatur von den Anfängen bis zur*

*Gegenwart*, Bd. 7/1 und 7/2), München ²2000
(Bd. 1), 1989 (Bd. 2) [Brillant geschriebenes
Werk über die fruchtbarste Epoche der deut-
schen Literatur]

Richard Kämmerlings: *Das kurze Glück der
Gegenwart. Deutschsprachige Literatur seit '89*,
Stuttgart 2011 [Pointiert und anregend]

ISBN 978-3-85179-202-7

© 2012 Thiele Verlag in der
Thiele & Brandstätter Verlag GmbH,
München und Wien

Covergestaltung: Christina Krutz, Riedstadt
Layout und Satz:
Christine Paxmann text • konzept • grafik, München
Gedruckt in der EU

www.thiele-verlag.com